유·초 이음교육으로 시작하는
학급긍정훈육법

학급긍정훈육 실천 시리즈 02

유·초 이음교육으로 시작하는

학급긍정훈육법

최미정 · 나영미 · 유미영 · 윤수진 · 박윤희 지음

유치원
실천편

더블북

'학급긍정훈육법'에 기반한 유·초 이음교육, 선택이 아닌 필수입니다

"우리 아이가 초등학교에 입학하는데… 무엇을 준비해야 할까요?" "한글을 아직 완벽하게 익히지 못했는데… 책 읽기를 별로 좋아하지 않아서 걱정이에요….""AI시대… 수학 학습 능력이 더욱 중요하다는데… 학습지를 해보려 했지만 금세 싫증을 냅니다."

유치원과 어린이집에서는 자녀의 초등학교 입학을 앞둔 부모님들을 위해 <초등학교에 가요!>라는 주제로 부모 강연회를 마련했습니다. 강연 후 질의 응답시간을 갖게 되는데, 부모님들의 걱정은 한글과 수학 등 자녀의 교과 학습 능력에 집중되는 경우가 많았습니다.

발달심리학자들은 유아기를 다른 사람의 생각이나 입장에서 사고하고 상황을 이해하는데 어려움을 갖고 '나'의 생각, 상황에 집중해서 판단하고 행동하는 "자기중심적 특성"이 강한 시기라고 설명합니다. 이러한 특성이 잘못된 것이 아니라 유아기에는 자연스러운 특성이기에 유아 교육기관에서는 아이들이 좋아하는 놀이와 다양한 교재·교구 및 친구들과 어울림의 기회를 통해 다른 사람과 함께하는 것을 즐기는 프로그램을 마련합니다. 또한 이를 통해 학습 능력뿐 아니라 사회적 적응 능력을 기르기 위한 교육과정을 운영합니다.

이러한 활동이 초등학교 생활에 잘 적응하고 적극적으로 학업을 수행하는 데 매우 중요하다는 사실은 초등학교 선생님들의 실증적 경험과 연구를 통해 밝혀진 바 있습니다. 이에 따라 현재 교육부에서 제시한 초등학교 교육과정에서는 "자기 주도적인 사람, 창의적인 사람, 교양 있는 사람, 더불어 사는 사람"을 길러내기 위한 교육을 지향합니다.

교육 과정의 내용뿐 아니라 교육 방식에서 차이가 있는 유치원에서 초등학교 생활에 아이가 잘 적응하는 것은 매우 중요하고 어려운 과제이기도 합니다. 그래서, 초등학교로의 전이를 돕기 위해 관련 교사 및 연구자들이 유·초 이음교육 과정을 다양한 내용과 접근으로 개발하였습니다.

본 책의 저자들은 특별히 "학급긍정훈육법"에 기반한 유·초 이음교육을 실천해보고 그 결과를 생생하게 담았습니다. 긍정 훈육법과 유·초 이음교육 과정의 교육철학, 초등 입학 전 준비를 위해 유아 교육기관에서 효과적으로 적용할 수 있는 활동, 초등 학교 1학년과 유치원 및 어린이집에서 함께 실천해 본 사례들, 또한 느린 학습자를 위한 구체적인 교육활동 방안 등 교육기관 의 상황 및 학습자의 특성을 고려한 적용한 사례들을 제시하였 습니다.

아들러 심리학을 기반으로 하는 "학급긍정훈육법"은 교사와 교육전문가들이 인정하는 접근으로 특히 소자녀 가정이 다수인 우리 사회에서 공동체 안의 존재로서 유능하게 살아갈 수 있는 역량이 중요해진 시대에 더욱 효과적이고 가치 있는 교육 프로 그램입니다.

교육은 아이들의 현재뿐 아니라 미래 삶을 준비하는 과정이 기에 아이들의 현재뿐 아니라 미래 사회가 요구하는 역량을 준 비할 수 있는 내용과 방법을 추구해야 합니다. 본 저서에는 이러 한 방향에 대한 통찰을 바탕으로 "학급긍정훈육법"을 기반으로 한 유·초 이음교육의 효과적인 방안을 실천한 사례들을 담았습 니다.

유아 교육전문가로서, 유치원 원장으로서 생생한 실제 사례들을 읽으며 실질적인 도움을 받았습니다. 부모라면 자녀가 초등학교에 가는 시기가 되면 학업 능력 등에 많은 관심을 갖고 긴장하게 됩니다. 이 책에서는 학업 능력뿐 아니라 정서, 사회성, 의사소통 능력 등의 부분에서 중요한 소양이 무엇이고 이를 준비하기 위해 어떻게 대처해야 하는지 그리고 걱정을 해소할 수 있는 실천적 방안들을 구체적으로 안내해 주고 있습니다. 이 책이 유치원, 초등학교 교사, 그리고 부모님들에게 현실적인 지침서로서 큰 도움을 줄 것으로 기대합니다.

조형숙

중앙대 유아교육과 교수/(전)한국영유아교원교육학회 회장

소중한 내 아이를 위한
최고의 맞춤 프로그램을 소개합니다

식물에게 물이 필요하듯, 아이에게 격려가 필요하다.

– 루돌프 드레이커스 –

"딱 우리 아이가 이런 프로그램을 배웠으면 좋겠다."라는 생각이 들었습니다. 이 책은 아이들에게 격려가 되는 다양한 활동이 가득한 책입니다. 또 아이에 내한 전문적인 관점, 체계적인 프로그램, 그리고 학부모와 함께 협력하는 방법까지 다루고 있습니다.

2014년 학급긍정훈육법이 대한민국에 처음 소개되었습니다. 판매량이 10만 부를 기록할 정도로 학급긍정훈육법은 우리 교육의 큰 변화를 이끌었습니다. 그럼에도 아쉬운 점은 현재까지도 유치원 교사들을 위한 보다 구체적인 안내서가 없다는 것입니다. 학급긍정훈육법을 공부하고 실천한 박윤희, 나영미, 최미정, 윤수진, 유미영 선생님께서 2025년 유치원 교사들을 위한 학급긍정훈육법, 그리고 유·초 이음교육에 관한 책을 출간하게 되어 기쁜 마음입니다.

이 책에 있는 내용들은 한 번에 쉽게 되지는 않을 수 있습니다. 하지만 식물이 잘 자라는데도 정성과 시간이 필요하듯, 여기 나와 있는 활동들도 아이들에게는 꼭 필요한 활동이기에 멀리 보고 실천하길 바랍니다. 아이들에게 사회성을 체계적으로 가르치는 것도, 학부모와 협력의 관계를 맺기도 매우 어려운 일이지만, 책에 나와 있는 실천들을 따라 하다 보면 아이들의 사회성이 성장하고 부모와의 협력적인 관계로 나아갈 수 있을 것입니다.

김성환

양평초등학교 교사/(사)한국긍정훈육협회 이사장

일러두기

· 본문에 소개되고 있는 모든 아이의 이름은 가명을 사용했다.

· 책 제목은 『 』, 편명은 「 」, 간행물은 《 》로 묶었다.

· 관용적으로 사용되는 전문적인 용어의 띄어쓰기는 일괄 붙여쓰기를 원칙으로 하였다.

· 차례 ·

1부　학급긍정훈육법과 유·초 이음교육, 그리고 아동 발달

2부　학급긍정훈육법과 유·초 이음교육의 연결

3부   학부모 이음교육을 위한 제안

학급긍정훈육법과
유·초 이음교육은 연결되어 있다

학급긍정훈육법

Positive Discipline in the Classroom (PDC)

7세에서 1학년으로 진입하는 시기는 모든 것이 변화하는 시기다. 동시에 아이들의 인생 전반에 있어서 가장 중요한 첫 전환의 시기이기도 하다. 인생의 긴 여정으로 보면 시기마다 중요한 생애 전환기들이 있다. 1학년이 지나면 다음은 사춘기가 오고 성년이 되고 중년, 노년이 온다. 인생을 살아가면서 이런 전환기가 어디 이때뿐이겠는가? 그 시기마다 새로운 환경과 경험들을 만나게 되고 적응하고 견디고 성찰과 성숙이 반복되는 것이다. 모두가 다 생애 전환기 마다 성찰하고 성숙해지는 것은 아니다. 왜 누군 잘 되고 누군 힘든가? 이 답을 유·초 이음교육에서 찾으면 어떨까?

아이 인생의 첫 생애 전환기. 이 첫 경험이 중요하다. 학교 갈 준비가 잘 된 아이, 신체적으로 건강했던 아이도 1학년 학기 초가 되면 수많은 예상치 못한 일들을 맞닥뜨리게 된다.

아이가 인생을 살아가는 데 새로운 환경을 이기는 힘을 기를 수 있고 '헤쳐나갈 용기'를 가질 수 있도록 돕는 것이 유·초 이음교육의 목적이다.

교사가 어떤 관점으로 이음교육을 보느냐에 따라 그 교육의 질은 다 다를 것이다. 유·초 이음교육을 1학년 입학의 단순한 학교 준비로 볼 것인지? 아이가 미래를 살아가는 데 필요한 역량인 사회정서기술을 습득하는 관점으로 볼 것인지에 따라 교육의 계획과 질은 달라질 것이다. 나무가 아닌 숲을 보라는 말이 있다. 나무가 무성한 숲을 이룰 때까지 시간이 필요하다. 단기적인 목적이 아닌 장기적인 목적으로 한 아이가 삶을 용기 있게 살아가는 데 생애 첫 전환기가 될 이 시기에 유·초 이음교육은 무엇보다 중요하다.

PDC와 유·초 이음교육은 연결된다. 두 가지 모두 결국은 아이들의 사회정서발달을 위한 목적지가 같기 때문이다. 사회정서기술이 준비되면 학업의 준비도는 따라오기 마련이다.

이 책을 쓴 목적은 유·초 이음교육 준비에 대한 고민을 하는 교사, 그리고 1학년과 협업할 수 없는 상황인데 어떻게 하지? 고민하는 유치원 교사, 그 반대로 1학년 교사로 유·초 이음교육에 협업해야 하는 초등 교사가 PDC로 학급운영을 할 수 있도록 그 방법을 자세히 안내하고 있다.

PDC로 운영되는 유·초 이음교육은 1부에서 4부로 구성되어 있다.

1부는 유치원 교사와 1학년 교사가 바라보는 PDC와 유·초 이음교육이 어떻게 연결되어 있는지, PDC가 아동의 발달을 어떻게 건강하게 촉진시키는지 소개한다.

2부는 PDC로 실천하는 유·초 이음교육의 실제 수업을 구성했다. 7세 담임교사가 PDC로 하는 유·초 이음교육, 유치원과 1학년이 함께 실천하는 유·초 이음교육, PDC를 활용한 이음학기 집중 기간 이음교육, 느린 학습자를 위한 유·초 이음교육 준비 네 부분으로 나누어 소개한다.

3부는 학부모와 이음교육으로 간담회, 참관 수업, 학부모 상담, 느린 학습자를 가정 연계 교육으로 아이, 교사, 학부모가 하나가 되어 아이들 성장을 돕도록 하는 학부모 이음교육을 안내한다.

한 참여자는 이렇게 말했다. "PDC를 만난 첫 날을 기억합니다. PDC 오전 교육을 받고 점심을 먹기 위해 논두렁 길을 걸었습니다. 그때 결심했습니다. 이 공부를 오래도록 해야겠다고."

PDC는 '종합 선물 세트'다. 교사가 가져야 할 교육 철학, 학급운영, 훈육법, 생활지도, 사회정서 수업까지 모든 게 담겨 있기 때문이다. 이 '종합 선물 세트'가 유·초 이음교육을 더 풍성하게 하고 고민하는 선생님들의 고민을 가볍게 하는 좋은 선물이 되길 바란다.

PDC를 한국에 알리고 교사들을 변화의 길로 안내한 김성환 선생님에게 감사를 전한다. 그리고 PD-KOREA 안에서 학습 공동체로 배우고 성장하고 우정을 나누는 모든 회원 선생님에게도 감사를 전한다. 무엇보다 묵묵히 학교 현장에서 PDC를 실천하며 웃고 울고 고군분투하는 선생님들에게, 마지막으로 앞으로 함께 PDC를 배우게 될 선생님들에게도 동참해주셔서 고맙다는 인사를 전하고 싶다.

어느 12월에
저자 일동

1부

학급긍정훈육법과
유·초 이음교육,
그리고 아동 발달

유치원 교사와 1학년 교사가 바라보는 PDC와 유·초 이음교육이 어떻게 연결되어 있는지, PDC가 아동의 발달을 어떠한 방향으로 건강하게 촉진시키는지 소개한다.

유치원 7세 반 선생님이 바라보는
유·초 이음교육

요즘 유·초등 교육계에서 가장 관심을 가지고 있는 키워드 중 하나가 바로 유·초 이음교육이다. 그만큼 유·초 이음교육이 현시대의 흐름상 중요하기 때문일 것이다. 성공적인 교육이 이루어지기 위해서는 교육 과정 간의 단절이 없이 서로 유기적으로 연결되어야 한다. 하지만 지금까지 유·초등 교육 과정을 살펴보면 유치원 교육이 끝나면 아이들이 사전 경험과 이해의 과정 없이 바로 초등 교육을 시작하도록 되어 있있다. 이 과정은 아이들에게 새로운 시작에 대한 설렘보다 불안과 두려움을 느끼게 했으며 이는 많은 아이들에게서 문제 행동으로 드러나게 되었다. 이 장에서는 그 해법으로 PDC라는 활동을 제시하고 있다. PDC활동 속에는 교육부가 제시한 성공적인 유·초 이음을 위해 유아들이 길러야 하는 4가지 역량(신체운동역량, 생애학습역량, 자기조절역량, 사회정서역량)이 자연스럽게 길러질 수 있는 활동들로 구성되어 있다. 1장에서는 그 구체적인 예를 제시하여 유·초 이음과 PDC의 관계를 이해할 수 있도록 설명하고 있다.

초등학교 입학을 앞둔 또는 입학한 지 얼마 안 된 아이들에게서 '배가 아파요' '머리가 아파요.'라는 말을 자주 듣게 된다. 또한 많은 학부모들이 이 문제로 걱정하는 모습을 보기도 한다. 아이들은 왜 초등학교 입학과 동시에 배가 아프고 머리가 아픈 것일까? 신체적 질병이 생긴 것일까? 아니다. 대부분의 아이들은 심리적 부담감으로 인해 몸이 아픈 것처럼 느끼게 되는 것이다. 아이들은 왜 초등학교 입학을 앞두고 심리적 부담감(구체적인 감정은 걱정과 두려움)을 가지게 되는 것일까? 아마도 초등학교에 대한 정확한 정보와 경험이 없는 상태에서 새로운 환경에 적응해야 하기 때문일 것이다. 아이들이 초등학교에 대해 얻은 정보의 양은 매우 적고, 그 정보조차 불확실하고 주관적인 견해가 대부분이다. 초등학생들은 학교에 대해 주로 이런 말들을 한다.

"초등학교에는 노는 시간이 별로 없어. 앉아서 공부하는 시간이 많아."
"쉬는 시간에만 화장실에 갈 수 있어."
"초등학교에서 잘못하면 많이 혼나."

이런 말을 들었을 때 걱정과 두려움에 휩싸이는 건 아이들뿐만이 아니다. 예비 학부모도 자녀가 초등학교에 입학하기 전에 많은 걱정을 한다. 그래서 자녀가 유치원에 다닐 때보다 초등학교에 입학하는 무렵에 육아휴직을 신청하는 부모들이 많다. 왜 학부모들은 걱정과 두려움에 휴직까지 선택하게 되는 걸일까? 학부모들도 초등학교에 대한 정보 부족과 초등학교는 유치원과는 완전히 다른 새롭고 낯선 교육기관이라 생각하기 때문이다. 우리 아이가 새로운 교육기관에 적응하기 어렵다고 생각해 아이의 적응을 돕기 위해 휴직을 선택하게 된다.

유치원과 초등학교가 어떤 차이점이 있기에 예비 초등학생들과 학부모가 부담감을 느끼는 걸까? 차이점은 크게 3가지로 나타난다.

첫째, 시설의 차이다. 유치원은 교실이 다양한 교구(놀잇감)와 책상 의자 등으로 구성되어 있다. 초등학교는 책상과 의자가 교실을 가득 채우고 있고 약간의 보드게임(놀잇감)이 배치되어 있다. 유치원은 화장실이 교실 안에 있거나 교실 바로 가까이에 배치되어 있는 곳이 대부분이다. 초등학교는 화장실을 갈 때 교실 밖으로 나가야 하고 대부분 교실에서 멀리 떨어져 있다.

둘째, 교육 과정의 차이다. 유치원은 2019 개정 누리교육 과정으로 신체운동·건강, 의사소통, 사회관계, 예술경험, 자연탐구 5개 영역으로 구성되어 있다. 초등학교는 2022 개정 초등학교 교육 과정(1~2학년) 국어, 수학, 바른생활, 즐거운 생활, 슬기로운 생활, 창의적인 체험활동(자율 활동, 동아리 활동, 진로 활동, 봉사 활동)으로 구성되어 있다.

셋째, 교수학습 방법의 차이다. 유치원은 기본적으로 교과서라는 것이 존재하지 않는다. 초등학교는 당연히 교과서가 있고 교과서를 중심으로 교육이 이루어진다. 유치원은 쉬는 시간이 라는 개념이 없으며 유아들이 자신의 컨디션에 맞춰 놀이와 쉼 을 선택할 수 있다. 교사는 유아들이 놀이를 통해 배우고 성장할 수 있도록 적절한(동적인 활동, 정적인 활동, 대집단활동, 소집 단 활동, 개별놀이, 집단놀이) 활동을 적재적소에 제공한다. 초 등학교는 1학기 단위의 시간표가 미리 짜여 있으며 기본 40분 수업 시간에 10분간의 쉬는 시간이 주어진다.

이렇게 다른 환경 속에서 예비 초등학생과 학부모의 부담감 을 덜어주려면 어떻게 해야 할까? 제일 먼저 교사인 우리 스스로 가 유·초 이음에 대한 이해의 폭을 넓혀 그 이해를 바탕으로 각 유치원 실정에 맞는 유·초 이음교육을 실시하는 것이다. 유·초 이음교육에 대한 이해의 폭을 넓히는 그 첫번째 방법으로 우리 보다 앞서 유·초 이음교육을 실천하고 있는 세계 여러 나라의 사 례를 살펴 보는 것이다. 세계 여러 나라 중 뉴질랜드, 영국, 핀란 드의 사례를 살펴보면 다음과 같다.

뉴질랜드는 유·초 이음교육을 하나의 여행으로 인식하고 있 다. 목표를 정해두고 목표에만 집중하는 것이 아니라 유·초 이음 교육으로 가는 과정에 집중한다. 가장 큰 특징은 기관장의 역할 을 중요하게 생각하고 있다는 점이다. 기관장은 유아와 강한 유대감을 형성해야 하고 유아를 중심으로 둔 교육 과정을 개발하며 이음에 대한 성과를 계속 검토하는 역할을 해야 한다.

영국은 영유아기 교육을 초등학교 준비 단계로서의 교육이라고 본다. 영유아 기본단계 EYFS^{Early Years Foundation Stage}에서 프로파일 평가를 시행한 후 유아가 학습 목적에 도달했는지 여부를 판단하고 지원이 필요한 부분에서 이음이 이루어지고 있다. 유아의 초등학교 준비도를 토대로 하는 이음이 이루어지고 있다는 뜻이다.

핀란드는 2015년부터 취학 전 1년을 의무교육으로 하고 있다. 이는 유아 교육기관과 초등 교육과의 이음을 매우 중요하게 생각하고 있다는 것을 보여준다. 유아의 학교 준비도 보다는 유아의 권리, 주체성, 놀이 강조, 유아의 관점, 배움에 대한 관점 등을 고려한 맥락에서 연계를 바라보고 있다.[1] (교육부, 2023)

유·초 이음교육에 대한 이해도를 높이기 위한 그 두 번째 방법으로 유·초 이음교육의 정의와 원리에 대해 이해하는 것이다. 유·초 이음교육의 정의와 원리는 다음과 같다. 우리나라는 유·초 이음교육을 유아가 건강한 성장과 발달을 할 수 있도록 이전의 경험들이 연령과 기관에 따라 단절되지 않고 지속 발전할 수 있도록 교육 공동체가 상호 존중 및 협력하여 교육 과정을 연계하여 설계하고 함께 실천하는 교육이라고 정의하며, 이음교육의 원리는 다음의 4가지로 제시했다. (교육부, 2023)

첫째, 계속성이다. 유치원에서부터 초등학교 때까지 동일한 원리가 적용되어야 한다는 것이다. 이는 좋은 교육을 한 단계에서 끝내는 것이 아니라 지속적으로 동일한 가치와 원리로 연속적으로 이루어져야 함을 말한다.

둘째, 연결성이다. 유아와 유아, 유치원과 초등학교 교육 과정, 놀이와 배움에 대한 관점과 시각의 연결이 이루어져야 함을 말한다.

셋째, 다양성이다. 어느 한 특정 기관을 따르는 것이 아니라 유아, 기관, 학급의 다양한 특성을 고려한 이음이 이루어져야 함을 말한다.

넷째, 협력성이다. 유아를 중심으로 하는 기관, 가정, 지역사회 등 교육 주체들 간의 협력이 잘 이루어져야 함을 말한다.

이음교육이 성공하기 위해서는 위의 4가지 원리에 맞춰 점차 스몰 스텝으로 이루어져야 할 것이다.(교육부, 2023)

교사들의 유·초 이음교육에 대한 이해도를 높이기 위한 그 세 번째 방법으로 성공적인 유·초 이음교육을 위해 유아들이 길러야 하는 역량에 대해 이해하는 것이다. 유아들이 길러야 하는 4가지 역량은 신체운동역량, 생애학습역량, 자기조절역량, 사회정서역량이다. 이 역량에 대한 자세한 설명은 다음과 같다.

신체운동역량은 일상생활에서 스스로 할 수 있는 기본 기술 능력을 포함한 대·소 근육 발달을 말한다. 아이들은 자기 스스로 할 수 있는 일들이 많을 때 정신적·신체적으로 건강하게 자랄 수 있다. 그리고 스스로 자신의 몸을 보호함으로써 안전한 성장을 할 수 있다.

생애학습역량은 의사소통 능력과 기초적인 문해력, 수리력을 말한다. 의사소통 능력이란 상대방의 말에 귀 기울여 잘 듣고 이해해 적절한 반응을 할 수 있는 능력을 말한다. 기초문해력·수리력이란 다양한 규칙들을 이해하고 다음을 예측할 수 있으며, 기본적인 수 세기를 할 수 있는 능력을 말한다. 이 세 가지는 기초학습 습관을 갖는 데 토대가 된다.

자기조절역량은 자기 자신을 스스로 조절할 수 있는 능력을 말한다. 초등학교 적응을 위해 가장 필요한 역량이라 할 수 있다. 자신의 감정을 이해하고 적절하게 조절하여 표현할 수 있는 능력으로 건강하게 성장하는 데 필요한 역량이다.

사회정서역량은 신뢰, 공감, 친사회적 행동 등의 기반이 되는 역량이다. 이 능력을 토대로 집단 안에서 자신의 역할을 수행, 타인과의 원만한 관계 형성, 실수를 배움으로 연결힐 수 있는 힘을 기를 수 있다. (교육부, 2023)

이 책은 유·초 이음교육의 4가지 원리인 계속성, 연결성, 다양성, 협력성을 기반으로, 유아들이 길러야 하는 4가지 역량 신체운동역량, 생애학습역량, 자기조절역량, 사회정서역량을 기를 수 있도록 학급긍정훈육 Positive discipline clasroom 활동을 통해 소개하고 있다. 예를 들면, PDC의 다양한 활동 중 학급회의 활동 하나만으로도 4가지 역량이 모두 자연스럽게 길러질 수 있는데 학급회의 서클 활동에서 빠르게, 안전하게, 조용하게 원을 만드는 과정을 통해 대·소 근육을 사용함으로써 신체운동역량을 기르게 된다. 학급회의의 안건과 해결책 제시하기를 통해 상대방의 의견을 경청하고 적절한 나의 생각을 표현하는 과정에서 생애학습역량을 기를 수 있게 된다. 학급회의에서 정한 규칙을 지켜가는 과정을 통해 자기조절역량을 습득하게 되고 학급회의의 진행 과정에서 자연스럽게 서로에 대한 공감과 신뢰 사회정서역량을 키우게 된다.

　　교사가 유·초 이음교육에 대한 이해를 바탕으로 책에서 소개하고 있는 다양한 PDC 활동들로 학급 운영을 한다면 유아들은 자연스럽게 4가지 역량을 기르게 될 것이다. 유아들이 지금까지 가졌던 초등학교에 대한 두려움과 걱정은 설렘과 자신감으로 변하게 되고, 이는 예비 초등학생들의 성공적인 학교생활의 좋은 밑거름이 될 것이다.

초등학교 1학년 선생님이 바라보는
유·초 이음교육

인간의 삶은 길고 긴 마라톤이다. 장거리 달리기를 하다 보면 오르막 길을 오르기도, 때로는 예상치 못한 장애물을 만나기도 한다. 마라톤 선수들은 본인이 마주치는 오르막길이나 장애물 앞에서 쉽게 포기하지 않는다. 왜냐하면 선수들은 그것에 대해 미리 대비했었고, 연습했기 때문이다. 그리고 가장 큰 힘의 원천인 '함께 같이 뛰는 동료 선수들'이 있기 때문이다. 유·초 이음기는 어쩌면 아이들 인생의 최초 오르막길이 될 것이다. 아이들은 유·초 이음기에 PDC를 통해 사회정서적 기술을 익히고 사회공동체의 일원으로 소속감을 느끼게 된다. 따라서 이 장에서는 유·초 이음교육의 원리와 배경을 살펴봄으로써 PDC가 유·초 이음교육의 시기에 왜 필요한지를 설명하고 있다. 더불어 유·초 이음기에 PDC가 유치원과 초등학교 저학년 아이들에게 어떤 긍정적인 효과를 가지고 오는지도 살펴보고자 한다.

7월 여름 방학식 날 한 학기를 마무리하며 1학년 아이들에게 이런 질문을 했다. 한 학기 동안 가장 기억에 남는 순간은 언제였니? 한 학기 동안 많은 다양한 활동을 했던 터라 여러 가지 활동들이 나올 것이라는 기대감이 있었다. 교사의 기대와 다르게 과반수의 아이들이 "입학식 날"이라고 대답했다. 왜 입학식 날이 생각났니? 라고, 물으니 "초등학교에 입학하는 것이 무섭고 겁이 났어요"라고 답했다.

나무 한 그루를 자라던 곳에서 다른 곳으로 옮겨 심으면 그 나무가 온전히 적응하는 데까지 최소 4년은 걸린다는 말이 있다. 하물며 한 사람의 인생이 새로운 환경에 적응한다는 것은 그만큼 어렵고 힘든 일일 것이다. 유치원과 전혀 다른 환경의 초등학교라는 곳에 입학한다는 것은 아이들이 새로운 세상 앞에서 큰 두려움에 직면하게 되는 인생의 전환기이다.

입학 초가 되면 아이들의 학교 부적응 형태가 다양하게 나타난다. 매일 아침 부모님과 떨어지는 것이 두려워 운다거나, 수업 중에 엄마가 보고 싶다며 갑자기 울음을 터트리기도 한다. 화장실을 못 가고 참다가 옷에 실수하는 아이가 있는가 하면 가정에서는 말을 잘하다가도 학교에만 오면 아무 말도 하지 않는 아이도 있다.

예비 초등학생들에게 입학에 대한 두려움을 기대와 희망으로 바꾸고 학교 적응을 도울 방법이 있을까? 이를 위한 방법으로 유·초 이음교육을 생각할 수 있다.

학령기 인구가 기하급수적으로 감소하고 있는 것도 유·초 이음교육의 필요성을 더욱 절실하게 만들고 있다. 가정마다 외동이 자녀가 많아지고 유치원 입학 아동의 수가 기하급수적으로 줄고 있다. 특히 현대사회는 옛날 대가족 사회에서 형제자매를 통해 배움과 성장을 이어가던 시대와는 거리가 멀어지고 있다. 이러한 시대적 변화는 아이들뿐 아니라 학부모도 불안감을 느끼게 한다.

유치원과 초등학교 현장에서는 유·초 이음교육의 어려움을 호소하는 선생님들의 목소리가 나오고 있다. 많은 유·초 선생님들은 이음교육을 어떻게 해 나가야 할지 막막하기만 하다고 말하기도 한다. 이음교육을 먼저 실천하고 있는 유치원과 초등학교의 실천 사례도 매우 궁금하다.

유·초 이음교육의 정의를 찾아보면 학습자의 건강한 성장과 발달을 지원하기 위해 교육기관(지역사회, 학부모 포함)이 상호 존중 및 협력하여 교육 과정을 연계하여 설계하고 함께 실천하는 교육(교육부, 2023)이라 정의하고 있다.

유·초 이음교육의 정의에서 말하는 상호 존중과 협력의 교육, 함께 실천하는 교육은 PDC가 추구하는 교육 철학과 맥락을 같이 한다. 아들러 심리학에 기반을 둔 PDC는 미국의 상담사 제인 넬슨이 만들었다. 한국에는 양평 초등학교 김성환 선생님이 '학급긍정훈육법' 책을 번역하고 최초로 소개했다.

아이들의 문제에 최초로 관심을 두고 연구했던 심리학자 아들러는 인간을 이해하는 관점을 새롭게 제시했다. 특히 아이들을 이해하고 잘 훈육하는 것이 건강한 사회를 만드는 기본이 된다고 생각하고 아동 교육의 중요성을 강조하면서 가정과 유치원, 학교에서 아이들을 긍정적으로 훈육하고 건강한 민주시민으로 육성하기 위한 새로운 방법들을 제시했다.

아들러는 모든 인간은 자신이 의미 있는 집단에서 소속감을 느끼고 싶어 하고, 인정받기를 원하는 본능을 가지고 태어난다고 했다. 아이가 세상에 태어나 소속감을 느끼는 첫 번째 사회는 가정이고, 두 번째 사회는 유치원과 학교가 될 것이다.

이렇게 중요한 사회화의 장소에서 아이들이 "내가 괜찮은 존재이구나!"를 느끼고 세상은 살만한 곳이다. 라는 긍정적인 신념을 갖게 하는 것은 매우 중요하다. 아이들은 이음교육을 통해 선배들과 함께 활동함으로써 자신의 소중함도 느낄 수 있게 된다. 이러한 경험들이 쌓이고 쌓여야 비로소 "내가 괜찮은 사람이구나!"라는 생각도 할 수 있다. 또한 세상은 혼자 살아가는 것보다 여럿이 함께 살아갈 때 기쁨이 더 커지게 됨을 몸으로 경험할 수 있다.

함께 어울려 하는 다양한 놀이 및 공동 수업 활동들을 통해 아이들은 서로를 존중하게 되고 존중받는 경험을 하게 된다. 이는 자연스럽게 존중의 의미를 몸으로 느낄 수 있는 최고의 경험이다.

유·초 이음교육은 1학년 학생들의 학교생활 적응을 위해서도 교육적 효과가 크다. 교실 안에서 자존감이 없고 소속감을 느끼지 못했던 아이들이 이음교육을 통해 자존감이 매우 높아지는 것을 발견했다. 친구들 앞에서 발표를 전혀 하지 않고 교사의 질문에 한마디도 하지 않던 아이가 유치원 동생들과의 활동에서는 말도 많이 하고 동생들을 주도적으로 이끄는 모습을 보이기도 한다. 이음교육 활동은 아이들에게 가고 싶은 학교, 유치원, 행복한 학교, 유치원으로 인식하면서 학교생활에 잘 적응할 수 있게 해 준다. 아이들은 집단에 소속되어 있음을 느끼고, 내가 쓸모 있는 존재가 될 수 있음을 알게 되어 소속감, 자존감이 향상될 수 있다. 이러한 자기주도적 경험은 성취감으로 이어져 "내가 능력이 있고 괜찮은 사람이구나!"라는 긍정적 신념을 갖게 해 준다.

자기중심적인 사고를 하던 아이들도 이음교육 활동을 할 때는 동생들을 배려하고 양보한다. 친구들과의 모둠 활동에서 늘 갈등을 겪었던 아이도 동생들과의 모둠 활동에서만큼은 갈등이 생기지 않는다. 표정이 어둡고 부정적인 표현을 많이 하던 아이들도 동생들을 만나면 웃는 얼굴로 변하고 긍정적인 표현을 많이 하게 된다. 이음교육 안의 다양한 놀이 활동을 통해 자기 조절력을 키울 수 있고 사회정서기술들을 배울 수 있다.

이음교육 활동은 학부모님들의 유치원과 학교에 대한 신뢰가 커지게 한다. 학부모님들의 학교와 유치원에 대한 인식을 긍정적으로 바꿀 수 있다. 자녀가 하나여서 처음으로 입학을 경험하는 학부모님들께 초등학교를 먼저 경험해 볼 수 있는 최고의 기회가 될 수도 있다.

이음교육 활동을 통해 형제·자매가 생겨 부모님은 든든함을 느끼게 된다. 초등학교 교육 과정을 자연스럽게 접할 수 있고, 초등학교라는 물리적 공간을 아이가 먼저 경험하게 됨으로써 아이와 부모님의 두려움이 사라지게 된다. 또한 초등학교 선배 학부모들과의 교류를 통해 초등학교를 미리 경험할 수 있다. 이러한 경험들은 현대사회의 넘쳐나는 육아 정보의 홍수 속에서 흔들렸던 부모의 마음을 나무의 뿌리처럼 단단하게 만들어 줄 멋진 기회가 될 수 있다.

아동 발달로 바라보는
학급긍정훈육법

아이의 건강한 발달을 위해 '어떻게 도와주고 이끌어 주어야 하지?'라는 질문에 대한 답을 긍정훈육으로 제시한다. 유·초 이음교육의 시기인 취학 전 만 3세 ~ 초등학교 1학년 만 6세의 중심으로 발달정보를 제공한다. 발달은 PDC^{학급긍정훈육법}에서 중요하게 다루는 사회정서기술과 관련이 깊은 에릭슨의 사회정서발달 단계 중심으로 설명했다. 또한 유아기와 아동기에 있는 이슈에 대한 안내를 하였고 유아기와 아동기의 건강한 발달을 촉진하기 위해 PDC라는 도구를 어떻게 활용할 수 있는지 정보를 소개하고 있다. 유아기와 아동기에는 적절한 훈육이 필요한 시기다. 이 적절한 훈육의 기준이 바로 PDC에서 말하는 긍정훈육의 기준이라고 할 수 있다. 긍정훈육은 낙담시키고 벌을 주는 것이 아닌 사회생활과 일상생활의 기술을 가르쳐 공동체에서 소속된 의미 있는 존재로 기여를 하게 된다.

발달은 인간이 태어나면서 죽음에 이르기까지 전 생애를 통해 계속되는 과정의 일부이므로 매우 중요하다. 아이들은 성장하고 발달하는 속도가 다양하고 개별적이다. 아이가 건강하게 발달하도록 우리는 '어떻게 도와주고 이끌어 주어야 하지?'라는 의문을 갖는다.

그에 대한 답이 바로 긍정적인 방법으로 훈육하여 아이 스스로 성장할 수 있도록 돕는 데 목적을 둔 긍정훈육이라고 할 수 있다. 아동의 발달 단계를 이해하고, 발달 과업이 무엇인지 파악하고, 아이의 기질 및 사회생활 능력과 감정조절 능력은 어느 정도인지 등을 고려하면 아이의 행동을 쉽게 이해하고 있는 그대로 받아들이며 지지와 수용이 이루어질 수 있을 것이다.

아동발달에 적합한 'PDC'를 활용하여 아이가 어떤 행동을 하기를 바라는 것보다 부모나 교사가 아이에게 어떤 행동을 할지 결정하고 그것을 친절하면서도 단호하게 이끌어가는 것이다. 이러한 관계하에 아이는 사랑과 존중의 관계를 형성하고 소속감과 자존감을 키워 건강한 발달이 이루어지게 된다.

(1) 주도적으로 나아가는 유아기

유아기의 주도성은 무엇일까? 인생을 주도하는 것을 말하는 걸까? 타인을 이끄는 리더십일까? 에릭슨이 말하는 주도성 대

죄책감은 무엇인지 생각해보자.

"우리 소꿉놀이 하자!"라고 제안한 아이만 주도성이 있는 걸까?

"그래 같이 하자!"라고 함께하려는 아이도 주도성이 있는 것일까?

대부분은 앞에 제시된 아이만이 주도성이 있다고 생각할 것이다. 그러나 둘 다 주도성이 있는 아이다. 에릭슨이 말하는 주도성은 집단이나 그룹에서 요구하는 것을 받아들이며 함께 어울리는지 어울리지 못하는지에 대한 부분이다. 내가 원하는 것이 가정이나 집단에서 상반되는지 허용되는지 찾아가는 것이 발달과제이다. 그렇기에 주도성을 획득하지 못했을 때 아이는 죄책감을 느끼며 자신을 탓하게 된다. 아이가 주도성을 갖고 세상을 향해 나아가도록 긍정훈육에서는 어떻게 이끄는지에 대해 유아기의 발달 특성을 살펴보고 나누어보겠다.

영아기의 걸음마기 시기에는 부모가 작은 변화에도 미소를 짓거나 처음 걷기 시작할 때 밥을 먹을 때 등 사소한 부분을 놓칠까봐 카메라를 든다. 하나하나 추억의 순간을 간직하고 싶어 하며 진심으로 기뻐하는 순간들이 많다. 반면, 유아기는 학교에 가야되는 바로 전 시기이다 보니 학령 전기로 아이에게 인지적 환경을 통해 무언가 가르치고 주었을 때 거기에 따른 결과를 유아에게 기대하게 된다.

그래서 주변의 또래와 비교하기 시작하고 부모는 학교 가기 전이라 무엇을 준비하고 채워줘야 될지에 대하여 마음이 분주해지기 시작한다.

예를 들어 "옆집에 누구는 책을 읽던데?" "영어로 인사를 하네?"하면서 부모들은 초조해지기 시작하고 기쁨이 사라지는 경우도 있다.

교사도 원에서 7세는 가장 큰 형님으로 다른 연령에 비해 상대적으로 엄청 큰 아이처럼 느껴져서 많은 부분을 해내기 기대하고 가끔 실수나 잘못을 했을 때 "애기반에 가야겠는데~"라고 수치심을 안겨주는 경우도 있다. 이런 피드백을 들은 유아들은 위축되고 자신감이 떨어지게 된다. 원에서 벗어난 7세 아이를 만나는 경험을 해보았는가? 엄청 어리게 느껴지고 부모에게 한없이 앙탈과 떼를 부리는 유아이다. 초등학교에서 보면 1학년이 6학년에 비해 아무것도 못하는 아가로 느껴지듯이 고작 1년 차이를 두고 유치원에서는 가장 큰 형님이지만 학교에서는 한참 어린 아이일 뿐이다.

또 아이가 자꾸 친구보다 교사에게 매달려 있거나 근처에 머무르면 '애는 왜 친구들과 어울리지 못하지?' 하며 걱정을 하거나 아이가 어린이집이나 유치원에서 "혼자 놀았어!" 라고 이야기하면 부모는 '우리 아이에게 무슨 문제가 있는 걸까?'하고 생각하며 초조하고 불안해 하기 일쑤다. 그리고 그 감정을 그대로 교사의 책임으로 전가하는 경우가 있다. 이럴 때 교사는 유아기의 발달 특성을 고려하기보다는 자신이 교사로 자질 평가를 받는다는 기분이 들어 당황하고 부정하게 된다. 아이에게 무엇을 더 해줄까? 라고 아이의 욕구를 생각하기보다 부모의 만족을 위한 부분을 생각하게 된다. 이때 부모는 무엇보다 아이의 발달 과정을 관찰해보아야 한다.

영아가 걸음마기에 "내꺼야!"하며 자율성이 너무 넘치거나 부족한 것은 아닌지, 엄마와 분리가 건강하게 이루어졌는지를 살펴보아야 한다. 또한 유아기의 발달적 특성을 알아야 한다.

유아기는 5세에서 7세로 초등학교 입학 전 시기로 학령 전기라고도 한다. 혼자 놀이에서 인지적 사회적 정서적으로 상호 작용의 놀이가 발달하면서 또래가 필요한 시기이기도 하다. 학령 전기 초기에는 혼자 놀이에서 점점 연합놀이가 이루어져지고 발달한다. 세상과 관계하면서 배워나가는 첫 시기이므로 부모 혼자 아이를 키우는 시기가 아닌 또래나 가족과 함께하는 방법을 익히고 공동체적 존재로 성장해야 한다.

1. 유아기의 사회정서행동발달

사회정서행동발달에서 관계의 폭이 넓어지고 부모를 관찰하면서 남자, 여자에 대해 알게 되어 신체적 차이를 궁금해 한다. 유아 초기에는 여자아이는 여자아이끼리 남자아이는 남자아이끼리 노는 모습을 보게 되는데 이때 성에 관심을 보이며 성역할 모방이 나타난다.

또한 전통, 습관, 가치관을 습득하는 시기이며 가족만의 문화가 만들어지는 시기다. 크기와 힘에 대해 비교를 하면서 유아가 부모보다 힘이 없음을 알게 되고 부모가 가진 것을 부러워하기도 한다.

유아기에는 상상력이 커지면서 두려움과 공포가 커진다. 아이가 자기 전에 귀신, 괴물에 대하여 무서워할 때 부모가 "그런 게 어디 있어? 없어, 빨리 자!"라고 비난하기보다는 공감해주고 편안하고 안전함을 제공해줄 수 있음을 안내해야 한다.

어린이집 낮잠 시간에 쉬이 잠들지 못하고 교사들을 괴롭게 하는 아이들이 있다. 교사의 일과를 위해 이 문제를 빨리 해결하려고 하면 정서는 미러링이 되기에 아이는 더 쉬이 잠들지 못하고 아이나 교사 모두에게 낮잠 시간은 지옥이 될 것이다. 이때는 아이의 정서를 공감해주고 안정감을 느낄 수 있도록 교사의 따뜻한 지지가 필요하다. 아이에게 꼭 자지 않더라도 다음 활동을 위해 휴식시간이 필요함을 알려주어야 한다. 어린이들도 뇌가 잠시 쉬어야 더 많은 기억과 생각을 할 수 있음을 이해시켜야 한다.

유아기는 자기중심성이 강해 타인의 관점을 이해하는 능력이 부족하다. 이로 인해 부모나 가족이 이혼, 질병, 사업 실패 등의 어려운 일을 겪을 때, 유아는 무의식적으로 자신의 잘못 때문이라고 느끼고 죄책감을 가질 수 있다. 또한, 교실에서 친구가 잘못된 행동으로 훈육을 받는 모습을 보며 마치 자신이 혼나는 것처럼 죄책감을 느끼기도 한다. 하지만 이러한 경험을 통해 아이들은 간접적으로 사회성을 기르게 된다.

2. 주도성 대 죄책감

유아기는 에릭슨의 심리사회적 발달 이론에서 주도성과 죄책감의 단계에 해당한다. 이 단계에서 아이들은 자신이 원하는 것을 시도하고, 주도적으로 행동하려는 경향이 강해진다. 그러나 이 과정에서 실패하거나 부모나 다른 성인에게 비판을 받게 되면 죄책감을 느낄 수 있다. 에릭슨은 이 시기가 아이들이 자아 정체성을 형성하고, 사회적 상호작용을 통해 주도성과 책임감을 배우는 매우 중요한 시기라고 설명한다. 주도성은 솔선수범하며 또래와 무리 안에서 원활하게 기대하는 바를 해나갈 수 있는 능력이다. 반면 무리 밖으로 겉돌거나, 나 때문이라는 지나친 죄책감을 갖기도 한다.

이 시기에 유아는 질문이 많아지는데 교사는 아이의 질문에 일관된 모습을 보여주어야 한다. 비난이나 무응답은 금물이다. 아이의 질문이 가치 있다는 것을 스스로 느끼게 해줘야 한다. 혼자가 아닌 또래와 함께 상호 작용하고 이웃과의 접촉을 통해 자연스럽게 다양한 사회, 문화 경험 활동이 필요한 시기다.

3. 유아기의 이슈 – 관계의 확장

유아기는 "3의 시기"라고 할 수 있다.

이 시기는 나와 엄마의 둘만의 세상에서 아빠, 또래, 이웃 등으로 관계가 확장되는 단계이다. 특히 아빠의 역할이 중요하며, 유아는 아빠와의 놀이를 통해 사회성을 키우고 사회적 능력을 발휘하는 아이로 성장할 수 있다.

유치원 행사의 일부에 아빠와 함께하는 프로그램을 구상하고 추진해 보자. 아빠와의 관계에 대한 중요성을 함께 전달한다면 더욱 알찬 시간을 보낼 수 있을 것이다. 또한 아이들의 사회정서 발달에 큰 영향을 줄 수 있다.

4. 유아기에서의 'PDC'

유아기는 가족의 문화를 형성하는 중요한 시기다. 따라서 유아기의 주도성을 확립하기 위해 가족이 함께 즐기는 오락거리를 마련해 보길 권한다. 그런 측면에서 긍정훈육의 도구 중 하나인 가족회의를 함께 진행해 보는 것도 좋겠다. 이 시간을 통해 부모와 아이는 서로의 관심사에 관해 이야기하고, 비용이 드는 활동과 그렇지 않은 것들을 탐색하며, 공동으로 즐거운 놀이를 찾는 정보 공유를 할 수 있다. 이러한 경험은 아이가 무엇을 어떻게 해야 하는지를 배우고, 가족 안에서 의미 있는 역할을 통해 주도성을 기르는 데 도움을 준다.

그러나 부모가 대외적인 행사나 친인척과의 교류에 지나치게 몰두할 경우, 아이는 혼자 놀거나 방치되는 상황이 발생할 수 있다. 이는 아이에게 큰 도움이 되지 않으며, 적절한 경험을 제공하기 위해 외부 접촉의 양을 조절하는 것이 필요하다. 가족이 함께 하는 안락하고 편안한 시간을 만들기 위해, 일상생활에서 경험을 찾고 공유해야 한다.

나들이를 계획할 때는 이동 시간이 지나치게 길어지지 않도록 주의해야 한다. 자동차라는 좁은 공간에서 운전자가 예민해지거나 서로의 감정이 상할 수 있기 때문이다. 부모가 아이의 칭얼거림이나 과도한 행동에 화를 낼 경우, 부부간의 갈등이 발생하고 그 모습을 본 아이는 불안감을 느낄 수 있다. 이런 상황을 피하기 위해서는 멀리 가기보다는 가까운 곳에서 자연을 느끼고 다양한 사람들과 교류하며 정서적 분위기 속에서 놀 수 있는 경험이 아이의 사회화 발달에 더 도움이 될 것이다.

학기 중반이 지나고 나면 교사들은 부모와의 상담 시간들로 인해 분주해진다. 어떤 부분을 나누어야 할지 또 부모의 질문에 교사는 어떻게 전문적으로 안내해 줄지 준비하게 된다. 상담을 보면 이런 부분을 부모가 하소연하는 경우가 있다.

죽이고 싶은 미운 7살이라는 말이 있듯이 부모는 말 잘 듣는 아이로 "○○아(야)~ 양치하자" 하면 "네!" 하고 바로 양치하고 "자야 할 시간이야~"하면 바로 침대에 누워 자기를 바란다. 그러나 현실은 다를 수 있다. 양치하라고 큰소리를 쳐야 겨우 씻는 아이, 늦게까지 자지 않는 아이, 이렇게 일상의 루틴이 흐트러지면 아침 등원 시간에 해야 하는 일들의 순서가 무너지면서 부모는 더 예민해지고 감정조질에 실패하는 경험을 하게 된다.

영아기 때는 아이가 작은 실수를 하면 "어머, 단추가 삐뚤삐뚤하네 도와줄게."하던 엄마가 유아기의 아이에게는 "형님인데 이것도 못 해? 애기야?"라고 훈육이 비인격적으로 이루어질 가능성이 크다. 또 "넌 왜 이것도 못 해?"하면서 암시적으로 죄책감을 주기도 한다. 부모의 부정적 피드백과 스스로 능력이 없어 선택할 수 없다고 느끼는 부분들이 쌓여 어긋난 행동으로 자신의 욕구를 표출할 수 있다.

이럴 때 교사들은 부모 상담을 준비하면서 아이가 원에서 어떤 루틴으로 하루를 보내고 얼마나 일관적으로 원 생활하는지와 'PDC'의 루틴 가르치기와 같은 활동으로 현재 아이가 할 수 있는 역량을 파악하여 단계별로 나누어서 반복적으로 할 수 있도록 도움을 주어야 한다. 그 과정에서 자기조절능력도 얻게 되는 것이다.

부모와 교사는 하루에 대한 일상을 아이들과 함께 나누고 순서를 같이 정하고 선택할 수 있도록 하며 다음 활동에 대하여 아이가 이해하고 예측하여 준비할 수 있도록 도와야 한다.

이러한 과정이 일관되게 이루어진다면 부모는 지시를 따르지 않는 아이에게 잔소리 대신 루틴에 따라 무엇을 어떻게 해야 하는지 가르쳐주는 존재가 될 것이다.

아이는 부모의 믿음과 지지로 문제를 해결할 힘을 기르고 성장할 기회를 얻는다. '나'라는 존재가 어떠한 역할을 하고 의미가 있음을 느끼는 주도성이 성장하게 된다.

유아기의 '공감과 격려'는 무엇보다 중요한 덕목이다. 하지만 적절한 타이밍과 어느 정도의 훈육이 필요한지를 가늠하기가 어렵다. 'PDC'의 도구 중 하나인 친절하면서도 단호한 훈육법이 바로 이 조율의 기준점이다. '나는 아이에게 친절하기만 한가?' 아니면 '단호하기만 한가?' 살펴보아야 한다.

예를 들어, 아이가 바깥 놀이를 나가기 전 비가 오지 않는데도 불구하고, 등원할 때 사용한 우산을 들고 장화를 신겠다고 고집을 부리는 상황이 생겼다. 이러한 돌발 행동으로 인해 공동체 활동이 지연되면 교사는 마음과 몸이 모두 분주해진다. 이럴 때 '공감'이라는 단어는 떠오르지만, 바쁜 와중에 허둥지둥하게 되거나 교사의 욕구가 폭발하여 냉정한 언어와 심각한 표정으로 "이렇게 하면 바깥 놀이를 못 나간다", "아기 반에서 기다리거나 원장님과 있어야 한다"는 식의 협박을 하게 된다. 하지만 이때 가장 먼저 해야 할 일은 '아이의 감정을 알아차려 주는 것'이다. "우산을 쓰고 싶었나 보구나. 우산이 좋았구나."처럼 아이의 감정을 이해하고 표현해 주어야 한다. 그런 다음, "지금은 바깥 놀이를 나가야 해. 비가 안 오니, 우산은 선생님이 들고 있을까? 나가고 나서 들어가기 전에 신발장에서 우산을 펴볼까?"라고 하며 아이에게 선택할 기회를 제공해야 한다. 만약 아이가 선택한 후에도 계속 고집을 부린다면, 그때는 낮고 차분한 목소리로 다시 반복해서 알려준다.

"지금은 비가 안 와서 우산 없어도 바깥 놀이를 할 수 있어!"
하고 기다려 준다. 대부분의 아이는 어떤 고집스러운 행동으로
도 원하는 것을 얻을 수 없음을 알고 처음 선택을 제시한 것 중에
서 하나를 선택하게 된다. 간혹 더 고집을 부리는 아이가 있다면
직접 경험하게 해 주도록 한다. 한여름 화창한 날에 우산을 들고
장화를 신고 비옷을 입으면 얼마나 갑갑하고 불편한지를 스스
로 알게 해 준다. 그러면 아이는 주변의 사회적 반응과 바깥 놀이
를 통해서 우산을 가지고 있는 번거로움을 느끼며 아이 나름대
로 경험을 통해 배우게 된다.

유아기 아이들에게는 수용, 기다림, 그리고 인내가 필요하다.
부모나 교사가 힘들고 어려운 상황에서 대신 해결해 주기보다
는, 함께 견뎌준다면 아들러가 말한 '미움받을 용기'를 아이와
부모, 교사 모두가 얻을 수 있을 것이다.

(2) 근면성을 바탕으로 소속감이 이루어지는 아동기

계단을 한 번에 오르면 숨이 차고 뒤로 넘어질 수도 있지만 내
앞에 많은 계단이 있다면 몇 개는 좀 한꺼번에 뛰어넘고 싶고
'아, 저걸 언제 올라가나.' 하고 한숨을 내뱉게 된다.

한 세단, 한 계단 정상을 바라보며 차분히 단계별로 올라가 보
자, 마지막 계단을 밟고 맨 위에 올라섰을 때 비로소 기쁨과 환
희, 더불어 보람까지 느끼는 경험들이 있을 것이다.

근면함을 가지고 어떤 일을 성실하게 해내는 사람이 승리자라는 말이 있다. 이 승리자가 되기 위해 아동기에 이루어야 할 과제와 위기를 살펴보도록 한다. 단계별로 영아기, 걸음마기, 유아기의 누적성과 연결되어 아동 발달의 위기들을 거쳐서 이음교육으로 연결될 수 있는 아동기에 대해 알아본다.

아동기는 8세에서 13세까지 초등학교에 다니는 시기이다. 학교생활을 통해 아동은 사회적 관계를 형성하고 또래집단의 비중이 커진다. 아동기의 발달 위기 중 하나는 초등학교 입학이고 학교생활이다. 신뢰감을 형성하고 자율성과 주도성을 획득하면서 하나하나 수행한 발달과제들은 아동기의 발달과제를 수행함에 있어 위기를 견디게 해 주며 이룰 수 있게 한다.

아동기는 성인이 되기 전 가장 큰 대집단 즉, 학교 안에서의 적응 및 사회성에 필요한 부분들을 획득하고 훈련하게 된다.

1. 아동기 사회정서행동발달

사회정서행동발달에서 자기 이해는 구체적인 것에서 추상적인 것으로 변화한다. 유아기의 자아존중감이 특별함을 느끼는 데 있었다면, 아동기에는 여러 영역에서 자신을 객관적으로 평가하며 현실을 받아들이게 되는 시기다. 따라서 초등 저학년 시기에는 깊이보다는 넓고 다양한 경험을 해보는 것이 중요하다.

아동기는 직접 경험을 통해 배우기도 하지만, 친구들이 노는 모습, 싸우는 모습, 화해하는 모습을 관찰하면서 간접적으로도 배울 수 있다. 함께하는 활동을 통해 이타심과 배려를 배우며 사회 구성원으로서의 역할을 수행하게 된다. 대규모 집단에서 활동하면서 질서 의식과 단체 행동의 규칙을 익히고, 경쟁적인 또래와의 놀이를 통해 경험을 쌓아야 한다.

정서는 실수하거나 놀림을 받는 경험으로 인해 공포보다는 노여움이 증가하게 된다. 또한, 사랑을 뺏기거나 자신의 재능이나 능력이 부족해 친구에게 질투를 느끼기도 한다. 구체적 조작기의 시기에는 누가 더 큰지, 누가 공부를 잘하는지를 비교할 수 있어, 이로 인해 자아존중감이 낮아질 수 있다. 그러므로 전조작기를 탈피하면서 특별함보다는 '나는 평범하구나'라는 인식을 가지며 동질성을 통해 정체감을 형성해야 한다. 질투에 지나치게 사로잡혀 있다면 아동의 욕구가 충족되고 있는지, 자아가 잘 형성되고 있는지를 살펴보아야 한다.

이 시기에는 심부름이나 가족 내에서 또는 집단에서 기여를 하고 새로운 것들을 직접 경험하면서 복잡한 감정을 느끼고 다른 사람의 감정에 민감해지고 자신의 감정을 숨기기도 한다. 감정이 변할 수 있다는 것도 경험하고, 공감 능력이 생기며 자신의 감정을 표현하는 능력도 원활해진다.

2. 근면성 대 열등감

심리사회적 발달 단계에서 에릭슨은 이 시기를 '근면성 대 열등감' 형성의 시기로 설명하고 있다. 근면성은 내가 어른이 되어 사회의 일원으로 살아가는 토대를 마련하는 과정이며, 이를 위해 연습하고 노력하며 지적 호기심을 충족하는 경험이 필요하다.

반면, 열등감은 노력에 대한 가치나 인정을 받지 못함으로써 자신의 능력에 의구심을 갖게 되고, 실패와 실수를 경험하면서 더욱 심화된다. 이로 인해 성취에 대한 근면함과 자부심을 느끼지 못하고, 부적절한 느낌을 겪게 될 수 있다.

3. 아동기의 이슈 – 학교의 적응

이 시기는 학교에서 자연스럽게 발생하는 다양한 일들이 있다. 우선 경쟁적인 요소가 있으며, 이에 대한 적절한 평가가 이루어져야 한다. 이 과정에서 우정과 또래 관계가 강화되고 동질감을 형성하게 된다. 또한, 또래 간의 공격성으로 인해 따돌림을 경험하기도 하며, 이는 내가 누군가를 따돌리거나 누군가에게 따돌림을 당하는 상황을 포함한다.

학교라는 사회에서는 비교육적인 요소를 극복해야 할 필요성도 있다. 교사의 잘못, 부주의, 편견, 체벌 등으로 인해 비교육적인 상황이 발생할 수 있으며, 이러한 경험이 아이에게 부정적인 영향을 미칠 수 있다는 불안감이 클 수 있지만, 모든 경우가 그렇지는 않다.

이 시기는 삶에서 필요한 여러 가지 기초 기능을 익히는 중요한 시기로, 초등학교에서 배우게 된다. 따라서 부모가 자녀와 함께 학교에서의 경험을 어떻게 극복하며 배워나갈 것인지가 중요하다. 초등학교 입학은 전조작기에서 구체적 조작기로 넘어가고, 형식적 조작기의 시작점이 되는 시기로, 형식적인 학교에 처음 입문하는 중요한 단계이다.

유아기에, 친구들과 갈등을 빚으면 "우리 엄마한테 이를 거야!"하고 말하지만, 이 시기에는 "우리 선생님한테 이를 거야!" "우리 선생님이 그랬어!"라고 권위적인 양육자가 부모 이외에 더 있다는 것을 감지하고 이것을 이용하게 된다. 이는 엄청난 변화이다.

또 엄마 아빠를 동일시하던 부분에서 선생님, 친구, 연예인까지 다양해지고 독립적인 주체로 성장하는 데 좋은 기회를 얻게 된다. 이 시기에 자아가 잘 형성되어야 청소년기가 되었을 때 정체성이 형성되고 정신적으로 분리될 수 있다.

아동기 전의 1, 2, 3의 형성 즉 나에 대한 존재 가치 및 신뢰감, 나와 양육자와의 안정 애착과 자율성, 아빠나 또래와의 관계 안에서 주도성 등이 확실하게 이루어졌다면 이 아동기 4의 시기도 자연스럽게 잘 형성하고 성공적인 시기로 만들어 갈 수 있을 것이다.

아동기는 4의 시기로 성인의 지배에서 벗어나 또래와 결속을 이룬다.

초등학교 저학년 교실을 살펴보면 같은 캐릭터의 물건을 다 같이 한 가지 이상은 지닌 것을 발견할 수 있다. 또한, 공주 옷이나 캐릭터 옷을 입었던 유아기의 아이가 아동기에는 정색을 하며 완강히 거부하고 활동하기 편한 체육복이나 튀지 않은 옷을 입으려고 한다. 이런 모습은 자연스러운 것이다. 또래 친구들과 동질감을 느끼면서 자아를 확장한다.

이 시기는 자기애가 강하면 실패를 경험했을 때 극복하기가 어렵다. 동질성으로 맺은 또래는 서로 간 교사의 역할이 되어 자발적인 수평적 관계로 수용할 수 있다. 서로의 장단점을 평가하면서 자아개념이 형성된다. 공동의 문제, 관심과 욕구, 흥미에 대한 기준을 의논할 대상이 된다. 또래와 함께하면서 문제 해결 능력을 배우고 규칙을 지키면서 또래에게 수용될 수 있는 행동 양식을 배우게 된다. 이처럼 동질감을 획득하면서 또래 집단에 소속돼 발달을 이루어야 하는데, 소속감은 어떻게 찾을 것인가?

소속감은 일차적으로 가정이고 이차적으로 또래에서 얻는다. 가정에서의 소속감과 안정감을 다진 아이는 또래 집단을 통해 학교에서 발생하는 시행착오를 견딜 수 있다. 반면 부모나 교사에게 실수로 인한 비판만을 계속 듣는 아이들은 의욕과 호기심을 잃어버려 도전하고 경험할 기회를 놓치게 된다.

4. 아동기에서의 'PDC'

'PDC'의 도구 중의 하나인 가족회의와 학급회의에 대해 알아 보자.

가정에서는 정기적인 가족회의를 통해 집 청소에 대해 서로 의견을 제시하고 역할을 줄 수 있다. 이는 아동이 근면성을 기르는 데 매우 중요한 계기가 된다. 청소할 때는 따로 하는 것보다 함께하면서 청소의 전략과 비법을 전수하고 공동 생활의 즐거움을 느끼게 된다. 자연스럽게 의무감을 느끼고 부모와 협력하는 구체적인 경험으로 확장하게 될 것이다. 아이는 엄마가 먹은 컵을 씻어주고 부모는 아이에게 "엄마 도와줘!", "씻어줘서 고마워!", "함께 하니 즐거워!", "뿌듯해!"라고, 자주 격려해 주어야 한다.

아이가 집안일을 하면서 기여할 수 있는 아이라는 것을 알려주어야 가정의 안에서 자기 역할을 일정 부분을 감당하면서 근면성과 책임의식을 경험할 수 있다. 이렇게 가족이 함께하는 문화를 통해 아이는 소속감을 형성한다.

학교에서는 학기 초에 학급회의를 통해 역할의 필요한 부분을 정하고 진행 순서를 정해 실행해 본다. 약 일주일 후 다시 잘 이루어진 부분이나 건의 사항 등을 주제로 토론하고 수정 보완한다. 학급회의는 또래와의 수평적 관계를 수용할 기회이다. 이로 인해 구체적인 경험이 확장되고 구체적 정보를 획득하면서 조직 생활에 적응할 수 있다. 그러면서 공간, 시간 등을 활용할 수 있게 되며 각자의 역할에 최선을 다하는 근면성을 기르게 된다. 그 과정에서 아동들은 적극적이고 자율적인 참여와 기회로 인해 소속감과 노력에 대한 가치를 경험하게 될 것이다.

이렇게 아동의 발달 단계마다 이슈와 위기가 무엇인지 이해하고 이를 해결하기 위해 살펴본다면 새로운 연결 고리가 보일 것이다. 긍정훈육은 아이와 부모, 아이와 교사가 서로 관계를 잘 맺고 유지하도록 도울 것이며 그 안에서 세상을 알아가고 세상 안에서 삶을 누릴 수 있는 버팀목이 되어줄 것이다. 긍정훈육 안에는 한 가지가 아닌 52가지나 되는 도구들로 아동 발달의 단계마다 위기를 잘 넘겨 발달하고 성장할 기회를 제공한다.

2부

학급긍정훈육법과
유·초 이음교육의 연결

PDC로 실천하는 유·초 이음교육의 실제 수업으로 구성했다. 7세 담임
교사가 PDC로 하는 유·초 이음교육, 유치원과 1학년이 함께 실천하는
유·초 이음교육, PDC를 활용한 이음학기 집중 기간의 이음교육, 느린
학습자를 위한 유·초 이음교육 준비 네 부분으로 나누어 소개한다.

유치원 학급에서의
학급긍정훈육 기반 유·초 이음교육

교육부에서는 성공적인 유·초 이음교육을 위해 유아기 때 4가지 역량 **신체운동역량, 생애학습역량, 자기조절역량, 사회정서역량**을 길러야 한다고 제시하고 있다. 이 4가지 역량은 PDC활동을 통해 자연스럽게 길러질 수 있는데 그 활동들을 이 장에서 소개하고자 한다. 활동들은 'PDC 활동 편'과 '영유아 편'을 기본으로 하여 유아 수준에 맞게 변형하여 제시하고 있다. PDC에 대한 기본 지식과 이해가 없는 교사들도 쉽게 따라 할 수 있도록 교실 상황을 이야기로 풀어 제시하였으며 호기심 질문, 경험 나누기, 브레인스토밍, 행동 열기, 지혜 키움의 세부 단계로 나눠 소개하고 있다. 유·초 이음교육에 대한 어려움과 유치원 학급 운영에 대한 고민을 가지고 있는 선생님이라면 이 활동들을 차근차근 교실에 적용해 보길 바란다. 그럼 스스로 고민에 대한 해답을 찾게 될 것이다.

(1) 다가가기 힘든 아이를 위한 특별한 인사

처음 만나는 사람이지만 쉽게 친해지는 사람이 있는가 하면, 몇 번을 만났지만 영 낯선 사람이 있다. 아이들과의 만남 또한 그렇다. 입학 당일부터 연결된 느낌이 드는 아이가 있는가 하면, 어떤 아이는 "연결을 포기해야 하나?" 하는 생각이 들 정도로 어려운 아이가 있다.

지아라는 아이가 바로 후자에 속하는 아이였다. 지아는 7세 (만 5세) 여자아이로 중학교 교사인 부모님과 언니, 이렇게 네 식구가 함께 살고 있다. 어린이집을 다니다 7세가 되면서 유치원을 다니게 된 지아는 똑똑하고 키도 크며 무슨 활동이든 열심히 하는 아이였다. 교사의 관심을 받고 싶어 많은 아이들이 교사 주위를 둘러싸고 재잘재잘 이야기할 때도 혼자 놀이에 열중했다. 한 번씩 교사를 힐끔힐끔 쳐다볼 뿐 교사가 다가가 말을 걸어도 놀이에만 열중하는 모습을 보였다. 친구와 상호작용도 거의 하지 않았다. 가끔 친구들 놀이에 관심을 보이기도 했는데 그런 지아에게 친구들이 같이 놀자고 하면 당황한 얼굴로 다시 자신의 자리로 돌아가 혼자 놀이를 계속하곤 했다.

사람마다 외모가 다르듯 다른 사람을 받아들이는 방법과 시간도 다 다르다. 지아는 다른 사람과 연결되는 데 시간이 많이 필요한 아이로 기다려주기가 필요한 아이다. 만약 어른이 성급하게 다가가 "왜 친구들과 안 놀아? 선생님이랑 같이 놀까? 지아가 좋아하는 게 뭐야?" 등 지나친 관심을 보였다면 아마 지아는 부담감으로 더 멀리 도망갔을 것이다.

지아와의 연결을 고민하던 중 PDC활동 중의 특별한 인사에 대해 생각하게 되었다. 특별한 인사 활동을 유아 수준에 맞게 변형하여 실천해 보았다. 그 결과 유치원이 낯설어 아침 등원이 어려웠던 아이도 특별한 아침 인사를 기대하며 즐겁게 등원하기 시작했다. 연결이 힘들었던 지아도 서서히 마음의 문을 열며 자신의 이야기를 교사에게 들려주기 시작했다. 심지어 우리 반 한 아이의 동생은 매일 아침 우리 반에 와서 특별한 인사를 한 후 자기 반으로 돌아가곤 했다.

〈 1. 우리 반의 '특별한 인사' 만들기 〉
— 준비물: 돌림판, 우리 반이 정한 인사 그림이나 글

[호기심 질문하기]
▶ 인사란 뭘까요?
▶ 인사는 왜 하는 걸까요?
— 반가움의 표현, 존경의 표현, 서로 간의 원만한 인간관계 형성을 위해 한다는 것을 아이들이 이해할 수 있도록 도와주면 된다.
▶ 인사를 하는 방법에는 어떤 것이 있나요?
— 허리를 숙여 하는 인사, 손바닥을 흔들며 하는 인사, 서로

의 손을 잡고(악수)하는 인사가 있다.

[경험 나누기]

▶ 우리 친구들은 어떤 인사를 해 봤나요?

▶ 등원하기 전에 부모님과 어떤 인사를 하고 왔나요?

[브레인스토밍]

▶ 우리 반만의 특별한 인사를 만들어 이제부터 해 보려고 해
   요. 어떤 인사를 해 보면 좋을까요?

— 예의 바른 인사(두 손을 배꼽에 대고 허리 숙여 "안녕하세
   요?"라고 하는 인사)

— 신나는 인사(하이 파이브 – 팔을 높이 들어 서로의 손바닥
   을 치며 하는 인사)

— 재미있는 인사(서로의 손바닥을 "안·녕·하·세·요" 박자
   에 맞춰 엇갈려 치면서 하는 인사)

— 허그HUG 인사(두 팔 벌려 서로를 안으며 "안녕하세요" 하
   는 인사)

[결정하기]

▶ 우리 친구들이 말한 다양한 인사 방법 중 이떤 인사를 앞으
   로 함께 해 볼까요?

— 아이들이 제시한 모든 인사를 선택해도 되고 상황에 따라

4~5가지만 선택해도 된다.

[행동 열기]

1. 교사가 미리 준비한 인사 돌림판(아이들이 결정한 인사 방법이 그림이나 글로 적힌 돌림판)을 돌린다.
2. 선택된 돌림판에 그려진 특별한 인사를 교사와 함께 한다.
3. 이 활동의 궁극적인 목적은 연결(유대감)이라는 것을 기억한다.
— 따듯한 눈빛과 미소, 눈 마주치기를 잊지 않는다.
4. 아이들끼리 특별한 인사를 하길 원한다면 허용해 준다.
— 아이들끼리의 연결도 학급 운영에서 중요한 부분이다.

(2) 동의와 가이드라인 만들기

새 학기가 되면 교사들이 가장 먼저 하는 활동 중 하나가 학급 약속 정하기다. PDC에서는 이것을 동의와 가이드라인이라고 부른다. 학급마다 학급 약속을 정하는 방법은 다를 것이다. 아이들과 함께 학급 약속에 대해 의논은 하지만 선생님이 생각한 약속을 아이들이 말하도록 유도해 결국 선생님의 생각대로 약속을 정하는 경우도 있을 것이고, 아이들의 의견을 모두 수용해 약속을 정하는 경우도 있을 것이다. 과거에 내가 주로 했던 방법은 바로 내가 원하는 약속을 아이들이 말하도록 유도해서 학급 약속을 정한 후 아이들이 잘 볼 수 있도록 게시해 놓고 그 방법 그대로 를 일 년 동안 실천하는 방법이었다. 그런데 이런 방법(교사의 주 도로 만들어진 약속)으로 만들어진 학급 약속은 잘 지켜지지 않았다. 처음에는 아이들과 약속에 대해 종종 이야기 나누고 잘 지켰을 때는 칭찬도 하고 지켜지지 않았을 때는 야단을 치곤 했다. 하지만 날이 갈수록 아이들의 학급 약속에 대한 흥미는 점점 떨어졌다. 어떻게 하면 아이들이 학급 약속에 관심을 가지고 꾸준히 지킬 수 있도록 지도할 수 있을까 생각하던 중 동의와 가이드라인 활동을 알게 되었다. 하지만 PDC에서의 동의와 가이드라인은 유아 수준에서 이해하기 어렵다는 생각이 들었다. 그래서 '꽃나무 키우기' 활동으로 변형해 유아들이 잘 이해하고 실천할 수 있도록 했다. 예전에 나처럼 학급 약속에 대해 아이들이 관심을 가지지 않고 잘 지키지도 않아 고민인 선생님은 '꽃나무 키우기' 활동을 학급에서 해 보길 바란다.

〈 1. 꽃나무 키우기 〉
— 준비물: 꽃나무 모형과 수많은 꽃잎, 그림이나 글로 되어 있는 우리 반의 약속

[호기심 질문]
▶ 나무가 잘 자라려면 무엇이 필요한가요?
— 햇빛과 물, 영양분이 필요해요.

▶ 우리 반에도 나무 하나가 생겼어요. 우리가 이 나무를 일 년 동안 잘 자라도록 키워 볼 거예요. 그런데 이 나무는 보통 나무와 달라요. 햇빛, 물, 영양분이 아니라 우리의 말 우리의 행동을 보고 듣고 자라요.

[브레인스토밍]
▶ 일 년 동안 함께할 이 나무의 이름을 뭐라고 지으면 좋을까요?
— 행복한 나무
— 건강한 나무

[행동 열기]
1. 나무 이름(우리 반의 목표)을 정한다.
▶ 그럼 이 중에서 어떤 이름을 정하면 좋을까요? 이 이름은 이 나무의 이름이기도 하지만 우리 반이 최고의 한 해를 보내기 위한 우리의 하나 된 마음이기도 해요.
2. 우리가 해야 하는 말과 행동을 정한다.
▶ 우리가 서로에게 어떤 말을 하면 이 나무가 나무 이름처럼 쑥쑥 자랄까요?
— 친구야 같이 놀자.
— 네가 그린 그림 멋지다.
▶ 우리가 어떤 행동을 하면 이 나무가 나무 이름처럼 쑥쑥 자

랄까요?

— 차례를 지켜요.

— 자기 물건을 자기가 정리해요.

— 친구에게 물어보고 친구 물건을 만져요.

3. 우리가 하지 말아야 하는 말과 행동을 정한다.

▶ 우리가 서로에게 어떤 말을 하면 이 나무가 잘 자라지 못하게 될까요?

— 너랑 안 놀아.

— 넌 그것도 못해.

▶ 그러면 우리가 어떤 행동을 하면 이 나무가 잘 자라지 못하게 될까요?

— 친구를 때려요.

— 친구 물건을 물어보지 않고 만져요.

— 새치기해요.

4. 아이들의 의견을 정리해 우리 반의 가이드라인(꽃나무 키우기)을 정한다. 오른쪽에는 해야 하는 말과 행동을, 왼쪽에는 하면 안 되는 말과 행동을 글로 적거나 그림으로 표시해 게시한다.

5. 꽃나무를 잘 보이는 곳에 게시하고 모두 함께 실천한다.

6. 되돌아보기 활동을 한다.

— '차례를 지켜요'라는 문장이 있었는데 아이가 질서를 안 지켰다면 그 아이에게 꽃나무 키우기 게시판을 보고 올 것

을 제안할 수 있다.

7. 꽃잎 붙이기를 한다.

— 하루 일과 평가 단계에서 오늘 우리 반의 꽃나무의 꽃은 몇 장이 피었는지 물어본다. 하루에 필 수 있는 꽃잎의 양은 정해져 있다는 것을 아이들에게 알린다. 우리 반은 하루에 꽃잎 3장까지 필 수 있다고 정했다. 10장까지 했다면 일 년 후 교실이 꽃잎으로 가득할 것이다.

8. 수시로 꽃나무 키우기(가이드라인)를 체크하고 수정한다. 한번 정한 꽃나무 키우기(가이드라인)는 수정할 수 없다고 생각하는 선생님들이 있을 수도 있는데 꽃나무 키우기(가이드라인)는 언제든 수정할 수 있다. 단 아이들의 동의가 있어야 한다.

(3) 하루 일과 연습하기

아이들이 줄 서는 법, 가방, 신발 정리하는 법을 자연스럽게 알게 될 거라고 생각한다면 그건 교사의 큰 착각이다. 배움과 연습 없이 아이들이 자연스럽게 줄을 서고 자기 물건을 정리하지는 않는다. 그러나 교사가 학기 초에 차근차근 여유를 가지고 알려준다면 아이들은 자연스럽게 익히게 된다.

입학식 날 정리를 도와주는 어른이 없다면 보통의 유치원 풍경은 이러할 것이다. 사물함에 아슬아슬하게 놓여 있거나 떨어져 바닥에 뒹굴고 있는 가방, 이리저리 아무렇게나 벗어놓은 외투와 신발, 그래서 귀가 시간이 되면 교사는 옷이랑 신발의 주인을 찾느라 정신이 없다. 다른 장소로 이동할 때(급식소, 강당, 놀이터 등) 아이들의 짜증 섞인 대화들을 듣게 되기도 한다.

"앞에 빨리 안 가요." "뒤에서 계속 밀어요." "내가 먼저 왔는데 새치기 당했어요."

이런 문제 상황들을 더 이상 두고 보기 힘든 선생님들은 하루 일과 정하기 활동을 내일부터 당장 아이들과 함께해 보길 바란다. 아이들은 하기 싫어서 안 하는 게 아니다. 몰라서 못 한다. 아이들과 함께 하루 일과 정하기 활동을 해보고 아이들이 천천히 연습할 수 있는 시간을 제공해 주자.

〈 1. 하루 일과 계획하기 – 등원 편 〉
— 준비물: 정리가 안 된 신발이 놓여 있는 신발장 사진, 하루 일과 사진 자료

[호기심 질문]
▶ 오늘 아침 신발장 앞에 이렇게 정리가 안 된 신발이 놓여 있었어요. 여기에 신발이 더 늘어난다면 어떤 일이 생길까요?
— 자기 신발을 찾는 데 오래 걸려요.
— 보기 안 좋아요.
— 신발에 걸려 넘어질 수 있어요.

[경험 나누기]

▶ 우리는 유치원에 오면 제일 먼저 무얼 하나요?

  (유치원마다 순서가 조금씩 다를 것이므로 유치원 상황에

  맞게 만들면 된다.)

— 등원 도우미 선생님께 인사를 해요.

▶ 그다음은 무얼 하나요?

— 신발 정리를 해요.

— 손 소독을 해요.

— 교실로 이동해요.

— 선생님과 특별한 인사 나누기를 해요.

— 사물함에 가방을 정리해요.

— 소식지(가정통신문)를 소식함 바구니에 담아요.

— 물통을 물통 바구니에 담아요.

[행동 열기]

— 한꺼번에 다 같이 연습하면 혼잡하고 잘 따라오지 못하는

  아이가 있을 수 있으므로 1명~3명 정도가 동시에 연습할

  수 있도록 한다.

1. 모두 가방을 메고 현관으로 나간다.

2. 등원 도우미 선생님께 한 명씩 인사를 한다.

3. 신발 찍찍이는 벗기고 발을 꺼낸 후 찍찍이를 다시 붙이고

  신발 두 짝을 동시에 잡고 내 이름 또는 번호가 적힌 정해진

곳에 신발을 넣는다. (아이에 따라 스스로 신발 벗은 경험이 없는 아이들도 있을 수 있으므로 구체적으로 설명하는 것을 추천한다.)

4. 손 소독기 사용에 대한 교사의 시범을 보여준다. (손 소독기 기종에 따라 사용 방법이 다를 수 있으므로 교사의 시범이 필요하다.)

5. 교실로 이동한다.

6. 선생님과 특별한 인사 나누기를 한다.

7. 외투를 옷걸이에 건다. (이 활동은 충분한 연습 시간이 필요한 활동이므로 아이들이 충분히 연습할 수 있는 시간을 제공한다.)

8. 가방에서 물통, 약, 소식지(가정통신문) 등 선생님께 전달해야 하는 물건을 꺼낸 후 사물함에 가방을 정리한다. (유치원마다 사물함 모양이 다르므로 유치원 실정에 맞게 교사가 시범을 보여준다.)

9. 약은 약통에, 물은 물통 바구니에, 소식지는 소식지 바구니에 담는다.

〈 2. 하루 일과 계획하기 – 급식실 이동 편 〉

[호기심 질문]

▶ 우리가 급식실로 점심을 먹으러 가기 전에 제일 먼저 무엇

을 해야 하나요?

— 손을 씻어요.

▶ 우리 유치원 급식실은 어디에 있나요?

— 1층에 있어요.

▶ 급식실로 이동하려면 어떻게 해야 하나요?

— 줄을 서서 천천히 가요.

[행동 열기]

1. 급식실로 이동하는 과정에 관해 이야기 나눈다.

— 급식실 이동과 교실로 돌아오는 모든 순서에 대해 먼저 알
   아본 후 연습 시간을 가진다.

2. 학급회의에서 정한 순서대로(번호 순서대로 갈 것인지, 모
   둠별로 갈 것인지) 화장실로 가서 손을 씻는다.

3. 실내화를 신은 순서대로 줄을 선다.

4. 내 몸과 친구 몸이 닿지 않을 정도의 거리를 두고 줄을 선다.

— 줄을 서서 이동하다 보면 서로의 몸이 닿아 다툼이 생기는
   일이 종종 있다.

5. 숟가락과 젓가락 또는 포크를 들고 식판에 배식을 받는다.
   숟가락과 젓가락 또는 포크와 식판을 한 번에 잡으려면 숟
   가락과 젓가락 또는 포크를 움켜쥐듯이 잡고 식판 옆을 잡
   아야 한다는 것을 알려주고 연습할 시간을 준다.

6. 순서대로 또는 정해진 자리에 앉아 점심을 먹는다.

7. 먹고 남은 음식은 국이 담긴 쪽 식판(물기가 있어야 음식물
   이 잘 떨어짐)에 모아 남은 음식 모으는 곳에 버린다.
— 버릴 때도 식판을 내 몸쪽이 아닌 옆으로 기울여 버려야 옷
   에 음식물이 튀지 않는다는 것도 알려준다.
8. 자기 자리에 앉아 조용히 다른 친구들 식사가 끝날 때까지
   기다린다.

(4) 연습 시간 갖기

아이들이 자연스럽게 어떤 일을 수행하기 위해서는 충분한
연습이 필요하다. 옷걸이에 옷 걸기가 바로 그런 활동이다. 연
습이 부족한 아이의 옷장을 보면 외투가 아슬아슬하게 걸려 있
거나, 한쪽 팔이 옷 안으로 들어가 있거나, 외투가 거꾸로 매달
려 있는 경우가 많다. 우리 반 민성이는 7세(만 5세) 남자아이다.
민성이는 집에서 한 번도 옷걸이에 옷을 걸어본 적이 없다고 한
다. 그래서인지 민성이의 외투는 늘 위태롭게 옷걸이에 걸려 있
었다. 한쪽 팔이 들어간 채 걸려 있거나, 억지로 대롱대롱 매달린
채 걸려 있거나, 바닥에 떨어진 채 있는 경우가 다반사였다.

민성이가 도대체 어떻게 옷걸이에 옷을 거는지 궁금해 지켜
보니 외투의 중간 부분에서 지퍼의 슬라이드를 잡고 반대 이빨
부분을 끼우려고 하고 있었다. 당연히 지퍼는 올라가지 않았고
몇 번 시도하던 민성이는 외투를 옷걸이에 대충 걸치는 것으로

옷 걸기를 마무리했다. 하지만 이 연습 시간 갖기 활동을 통해 민성이는 능숙하게 옷걸이에 옷을 걸게 되었으며, 작은 일도 스스로 하려고 하는 모습을 보이기 시작했다.

아이들의 자존감 키우기 방법은 생각보다 어렵지 않다. 작은 일들을 스스로 해 보는 경험들이 쌓이다 보면 아이들은 '나는 할 수 있어!'라는 긍정적인 자존감을 형성하게 된다. 지금부터 아이들이 자기 일을 스스로 하는 태도의 형성을 돕는 PDC의 연습 시간 갖기 활동을 소개하려 한다.

〈 1. 외투 옷걸이 걸기 〉
― 준비물: 옷걸이, 외투(지퍼 달린 외투, 단추 달린 외투)

[호기심 질문]

▶ 우리가 입고 온 외투는 어디다 정리해야 할까요?

― 옷장에 정리해요.

▶ 옷장에 어떻게 정리하면 될까요?

― 옷걸이에 걸어서 정리해요.

▶ 옷걸이에 걸지 않고 그냥 옷을 둔다면 옷이 어떻게 될까요?

― 바닥에 떨어져 더러워져요.

― 옷이 막 구겨져요.

[행동 열기]

1. 교사 실시, 아동 관찰

— 교사가 옷걸이에 옷을 거는 모습을 설명과 함께 보여준다.

2. 교사 실시, 아동 도움

— 교사가 지퍼를 올려 옷걸이에 옷을 거는 과정을 실시하고 유아에게 도움을 요청한다.

3. 아동 실시, 교사 도움

— 아동이 지퍼를 올려 옷걸이에 옷을 거는 과정을 실시하고 교사가 도움을 준다.

4. 아동 실시, 교사 관찰

— 처음부터 끝까지 아동이 지퍼를 올려 옷걸이에 옷을 거는 과정을 실시하고 교사는 관찰한다.

- 옷걸이에 옷 걸기 안내 -

1. 옷을 깨끗한 바닥에 펼쳐 놓는다.

2. 옷 위에 옷걸이를 올린다. (보통 외투의 상표가 목 부분에 있으니 상표 부분에 옷걸이를 놓도록 안내하면 된다.)

3. 외투 옆 자락을 덮는다.

4. 단추 외투: 맨 위에 있는 단추 하나만 채운다.(단추 하나만 채워도 외투는 옷걸이에서 떨어지지 않는다.)

   지퍼 외투: 슬라이더 부분을 끝까지 내리고 슬라이더 부분과 지퍼 고정 부분을 한 손에 잡고 이빨 부분을 끝까지 내리

꽂는다. 천천히 지퍼를 올린다.

5. 옷장에 옷을 건다.

(5) 의미 있는 역할 정하기

선생님들은 본인이 직접 학급의 많은 역할을 손수 해야 한다고 생각한다. 특히 유치원 선생님들은 아이들이 어리고 서툴러서 학급의 다양한 역할들을 수행할 수 없다고 생각한다. 하지만 아이들은 의외로 많은 역할을 수행할 수 있으며 어떨 때는 어른보다 더 유능하게 그 일을 해내기도 한다. 그러므로 선생님들은 아이들이 다양한 역할을 수행할 수 있도록 기회를 주길 바란다.

아이들에게 학급의 역할을 수행할 수 있는 기회를 주는 것이 중요한 또 다른 이유는 소속감 때문이다. 사람은 집단에서 어떤 역할이 주어졌을 때 소속감을 느끼게 된다. 사람은 이 세상에 태어나는 순간부터 역할이 주어진다. 누구의 딸 또는 아들 자식으로서의 역할이 그것이다. 점점 자랄수록 학생 역할, 직장인 역할, 남편과 아내의 역할을 하게 된다. 한 집단에 소속되어 아무런 역할도 주어지지 않는다면 사람은 그 집단에 소속되어 있다는 생각을 가지기 힘들다. 한 예로 내가 한 집단에 들어가게 되었다고 하자. 다른 사람들은 다 역할(정리, 총무, 모임 계획 등)이 있다. 나만 역할이 없다고 생각해 보자. 그 집단에 계속 나가고 싶다는 생각이 들까? 아마 점점 불편해지고 손님 같은 느낌이 들어 그 모임에 나가고 싶지 않게 될 것이다. 학급에 적응을 힘들어하는 아이가 있다면 이 활동을 해보라. 아이는 소속감을 느끼고 자신을 중요하게 생각하며 학급에 적응하게 될 것이다.

〈 1. 의미 있는 역할 〉
— 준비물: 게시판, 칠판

[호기심 질문]
▶ "넌 할 수 있는 꼬마 기관차"에서 꼬마 기관차는 친구들에게 어떤 도움을 주었나요?
— 친구들이 아이들에게 선물을 전달할 수 있도록 데려다주었어요.

[브레인스토밍]
▶ 꼬마 기관차처럼 우리 반 모두가 즐겁게 유치원을 다닐 수 있도록 도와주는 역할들이 있어요. 물론 선생님도 포함이지요. 선생님은 우리 친구들이 만들기에 필요한 재료가 떨어지지 않도록 채워 넣는 역할을 할 수 있어요. 혹시 선생님처럼 우리 반을 위해 내가 할 수 있는 역할이 생각난 친구 있나요?
— 저는 날짜 판을 바꿀 수 있어요.
— 저는 화장실 실내화를 정리할 수 있어요.

[행동 열기]

1. 내가 할 수 있는 의미 있는 역할을 정한다.

2. 역할 이름을 정한다.

▶ '날짜판 바꾸기' 역할 이름은 너무 길어요. 짧지만 역할 이름만 들어도 무슨 역할을 하는지 알 수 있는 이름으로 정해 보도록 해요. 어떤 이름이 좋을까요?

— '날짜 선생님'이라고 하면 좋을 것 같아요.

3. 모든 아이가 의미 있는 역할에 참여하도록 한다.

▶ 하고 싶은 역할을 정하지 못한 친구는 다른 친구의 역할을 함께할 수 있어요. 여기 있는 역할 중 어떤 역할을 하고 싶나요?

4. 한 달에 한 번 정도 역할 바꾸기를 한다.

5. 더 필요한 역할이 있으면 역할을 추가하기도 하고 필요 없는 역할은 빼기도 하면서 의미 있는 역할 활동을 운영한다.

6. 역할 수행을 잘하지 못하는 아이가 있을 때 아이에게 역할 수행을 하도록 강요하기보다 이 역할을 연습할 시간이 필요하다는 것을 인정하고 기다려 준다. 다시 한번 말하지만, 의미 있는 역할의 목표는 그 역할을 완벽하게 수행하도록 하는 것이 아니라 소속감 형성이다.

(6) 화를 조절하는 방법

아이들은 어른보다 자신의 감정조절 능력이 미숙하다. 자신의 지금 감정이 어떤 건지도 잘 모르고, 자신의 감정을 어떻게 표현해야 하는지도 모르는 경우가 많다. 가을이는 7세(만 5세) 남자아이로 1살 더 많은 형과 엄마, 아빠와 한집에 살고 있다. 가을이는 화가 나면 물건을 던지고 큰 소리로 울었다. 또 어떨 때는 화가 풀릴 때까지 아무것도 하지 않았다. 새 학기가 시작된 지 얼마 안 된 3월이었다. 등원 시간에 부모님께 야단을 들었는지 화가 난 상태로 등원했다. 화가 난 가을이는 교실에 들어오지 않고 화난 표정으로 교실 앞 복도에 서 있었다. 무슨 일이 있었는지 물어도 아무 대답도 하지 않고 화난 표정만 짓고 있었다. 강제로 교실로 들어오게 할 수 없으니 가을이가 보이도록 교실 문을 열어둔 채 수업했다. 잠시 후 교실 밖에 있는 가을이를 보니 다리가 아픈지 복도 바닥에 앉아 있었다. 3월이라 아직 쌀쌀했고 복도는 교실 바닥처럼 난방이 안 된 상태였다. 엉덩이가 시릴까 걱정이 돼서 방석을 주며 바닥이 차가우니 깔고 앉아 있으라고 했다. 그게 싫으면 교실로 들어오라고 했다. 그런데 가을이는 교사가 건넨 방석을 냅다 던져 버렸다. 대략 30분이 지난 후 가을이는 아무 일도 없다는 듯 교실로 들어왔고 놀이를 시작했다. 가을이를 불러 "가을아, 등원 시간에 화가 많이 난 것 같던데 무슨 일 있었어?"라고 물어봤다. 하지만 가을이는 아무 대답도 하지 않았다.

가을이처럼 자신의 감정을 잘 모르고 감정을 어떻게 다뤄야할지 모르는 아이들이 있다. 이런 아이로 고민인 선생님이 있다면 PDC의 활동 중 감정을 알아보는 활동과 긍정적 타임아웃 공간 활동을 추천한다.

⟨ 1. 감정 신호등 ⟩
— 준비물: 자신의 사진을 뗐다 붙일 수 있는 부직포로 된 빨강·주황·초록 신호등 판, 아동들의 사진

[호기심 질문]
▶ (신호등 판을 보여주며)이건 뭘까요?
▶ 빨간색은 우리의 어떤 감정과 비슷한 색일까요?
— 화남
— 짜증
— 슬픔
— 부끄러움
— 무서움
▶ 초록색은 우리의 어떤 감정과 비슷한 색일까요?
— 행복
— 신나는
— 재미있는
— 즐거운

▶ 노란색은 우리의 어떤 감정과 비슷한 색일까요?

— 잘 모르겠어요.

　(노란색은 '시간이 필요해요. 빨간색 감정이 점점 없어지
　고 있어요'이거나 '빨간색 감정이 생길 것 같아요'를 나타
　내는 것임을 설명해 준다.)

[행동 열기]

1. 지금 나의 감정에 대해 생각한다.

2. 자신의 감정을 말하고 왜 그런 감정을 느끼게 되었는지 이
　유를 말하고 자신의 감정에 해당하는 신호등 색에 자신의
　사진을 붙인다.

3. 사람의 감정은 수시로 바뀌며 감정이 바뀌는 건 잘못된 것
　이 아니라는 것과 감정의 변화가 있을 때마다 사진의 위치
　를 바꿀 수 있다는 것을 안내한다.

4. 시간이 필요할 때는 긍정적 타임아웃에서 쉴 수 있다는 것
　도 안내한다.

⟨ 2. 감정 얼굴 ⟩

— 준비물: 감정 얼굴 사진 카드

[호기심 질문]

▶ (감정 얼굴 사진 카드를 보여주며)이 사람의 감정은 어떤

것 같나요?

— 화가 난 것 같아요.

▶ 왜 화가 났을까요?

— 친구랑 싸워서 화가 났어요.

[행동 열기]

1. 친구 감정 알아맞히기를 한다.

2. 얼굴로 감정을 표현하기 활동을 해보고 싶은 아이들의 신청을 받는다.

3. 감정을 얼굴로 표현해 보도록 한다.

4. 친구들이 그 친구의 표정을 보고 어떤 감정인지 맞혀본다.

5. 또 다른 아이의 신청을 받아 활동한다.

〈 3. 긍정적 타임아웃 공간 만들기〉

— 준비물:『제라드의 우주 쉼터』그림책, 아동 1명 정도가 편하게 쉴 수 있는 크기의 텐트, 감정을 조절할 수 있는 물건들(말랑이, 인형, 그리기 도구 등)

[호기심 질문]

▶ 제라드는 '우주 쉼터'라고 이름 지었는데 우리 반의 쉼터 이름은 어떻게 지을까요?

▶ 어떤 물건들을 가져다 두면 마음이 쉬는 데 도움이 될까요?

— 인형이요

— 말랑이요

[행동 열기]

1. 긍정적 타임아웃 공간에 관해 이야기 나눈다.

— 이곳은 벌을 받는 곳이 아니라 내 기분에게 시간을 주는 공간임을 알려준다.

2. 교실 어느 공간에 만들면 좋을지 의논한다.

3. 이름을 어떻게 지으면 좋을지 의논한다.

4. 긍정적 타임아웃 공간을 사용하기 위한 규칙을 정한다.

— 한 번에 한 명만 들어간다.

— 시간은 5~10분만 사용한다.

(7) 상처받은 아이

예전에는 친구에게 신체적인 폭력을 당해 힘들어하는 아이가 많았다면 요즘은 친구에게 언어폭력을 당해 괴로워하는 아이들이 더 많다. 이런 일이 있었다. 여름이라는 아이가 진주라는 아이에게 편지를 줬고 글씨를 잘 모르는 진주는 친구가 준 편지를 가방에 넣어 집으로 갔다. 그런데 편지의 내용은 이러했다.

'진주는 바보, 진주는 똥이야.'

삐뚤삐뚤한 글씨로 이런 내용을 적은 편지를 여름이가 진주에게 준 것이었다. 글을 몰랐던 진주는 집에 가서 친구에게 편지 받았다고 엄마에게 읽어달라고 했다. 기분 좋게 편지를 펼쳐 든 진주 어머니는 편지 내용을 보고 자기 자녀가 놀림을 받았다고 생각해 극도로 화가 났다. 다음 날 진주 어머니는 유치원으로 전화했고, 사과를 받고 싶다고 했다. 여름이 어머니께 이 일을 전달했고, 여름이 어머니는 진주 어머니께 정중하게 사과했다.

이런 일도 있었다. 학부모로부터 메시지가 왔는데 메시지 내용은 이러했다.

"서진이라는 아이가 우리 해라에게 멍청이라고 몇 번이나 놀렸다고 해요. 선생님이 한 번 알아보시고 다시는 그런 말 못하도록 지도해 주세요."

다음 날 서진이에게 그런 일이 있었는지 물었고 서진이는 그랬다고 고개를 끄덕였다. 이유는 없었다. 그래서 아이들에게 상처 되는 말에 대해 알아보고 말로 인한 상처가 어떻게 되는지 PDC의 상처받은 영대 활동을 통해 알아보았다. 이 활동은 눈으로 볼 수 없는 '말'이라는 것이 상대방에게 어떤 영향을 끼치는지 시각적으로 볼 수 있는 활동이다.

이 활동 후 아이들의 상처 되는 말 사용은 많은 부분 줄어들었다. 활동 결과물을 버리지 않고 교실에 게시하여 아이들이 수시로 볼 수 있도록 하면 더 효과적이다. 아이들의 상처 되는 말 사용 때문에 고민인 선생님은 내일 당장 이 활동을 해보길 바란다.

〈 1. 상처받은 꽃잎이 〉

─ 준비물: 종이, 그리기 도구

[경험 나누기]

▶ 다른 친구의 말 때문에 속상했던 적이 있나요?

─ 친구가 나랑 안 논다고 해서 속상했어요.

▶ 혹시 내가 다른 친구를 속상하게 했던 적이 있나요?

[행동 열기]

1. 아이가 그려진 종이를 준비한다. 아이들에게 이 아이는 꽃잎이라고 소개한다. (학급 이름이 꽃잎 반이라 아이들에게 친근감을 형성하고자 꽃잎이라고 지음)

2. 꽃잎이는 우리 반에 전학 온 아이라고 소개한다.

3. 꽃잎이는 친구들과 즐겁게 놀고 싶은데 친구들이 꽃잎이를 놀리고 속상한 말을 해서 꽃잎이가 유치원에 오기 싫어하고 있다고 이야기한다.

4. 꽃잎이가 어떤 말을 들었을지 이야기 나눈다.

─ 다른 친구에게 상처가 되는 말에는 어떤 말이 있는지 아이들과 함께 이야기 나눈다. 아이들은 보통 너랑 안 놀아. 네 그림 이상해. 넌 하지 마. 라는 말들을 한다.

6. 아이들이 상처가 되는 말을 할 때마다 종이를 구긴다. 종이가 공이 될 때까지 구긴다.

7. 공이 된 꽃잎이를 보여 주며 꽃잎이에게 어떤 일이 일어났
　 는지 이야기 나눈다.

— 꽃잎이는 어떤 기분이 들까요?

— 꽃잎이는 유치원에 오고 싶을까요?

— 꽃잎이는 자신이 꽃잎반 친구 중 한 명이라는 생각이 들
　 까요?

8 . 꽃잎이가 자신이 우리 반 친구 중 한 명(구성원)이라는 생
　 각이 들도록 우리가 어떤 말을 해 줄 수 있는지 이야기 나
　 눈다.

— 꽃잎이에게 어떤 말을 해 주면 좋을까요?

9. 아이들의 말에 따라 교사는 종이를 조금씩 편다.

10. 종이를 완전하게 다 편 후 꽃잎이의 지금 기분이 어떨지
　　 함께 이야기 나눈다.

— 꽃잎이는 이제 자신이 꽃잎반 친구 중 한 명이라고 생각할
　 까요?

11. 구겨진 주름을 함께 보며 이 주름을 완전히 펼 수 있는지를
　　 알아본다. 아이들에게 주름을 펴 볼 수 있는 기회를 준다.

12. 한 번 생긴 주름은 없어지지 않는다는 것을 이야기하고 자
　　 신들이 가지고 있는 주름에 대해서도 서로 이야기 나눠보
　　 는 시간을 가진다.

— 친구의 이름은 넣지 않고 이야기해 보도록 한다. 영대 활동
　 은 한 아이의 잘못을 심판하는 활농이 아니므로 이름을 넣

어 말하는 일이 없도록 교사가 미리 조심한다.

(8) 사과하기 3단계

경력이 어느 정도 된 선생님이라면 사과 때문에 학급에서 문제 상황이 발생해 힘들었던 경험이 한 번쯤은 있었을 것이다. 나도 사과 때문에 힘든 일을 겪었던 기억이 난다. 경력이 얼마 안된 초임 때의 일이다. 퇴근 후 저녁을 먹고 있는데 학부모로부터 전화가 걸려 왔다. 경험상 퇴근 후 학부모로부터 전화가 걸려 온다는 것은 부정적인 일일 확률이 거의 90%에 가깝다고 보면 된다. 또 그 당시에는 선생님의 개인 번호를 보호자에게 당연히 알려주어야 한다고 생각할 때였다. 전화 내용은 다음과 같았다.

"선생님, 민호라는 아이가 우리 한이를 때렸는데 사과를 안 했다고 하네요. 너무 기분이 나빠요. 잘못했으면 사과해야죠."

"어머니 오늘 한이가 민호랑 다투는 걸 제가 못 봤는데 언제 그랬을까요?"

"그건 저도 모르겠고 내일 유치원 가면 우리 한이한테 민호가 사과할 수 있도록 해 주세요. 다른 아이들도 우리 한이에게 함부로 할 수 없도록 모든 아이 앞에서 사과시켜 주세요."

다음 날 출근해 두 아이를 불러 그 상황에 관해 물어보았다. 가해자로 지목된 민호는 그 일을 전혀 기억하지 못했고, 피해자라고 생각하는 한이는 민호가 자기 어깨를 때렸다고 표현했는데 정황상 지나가다 부딪힌 거였다. (영유아 시기의 유아들은 때린 것과 실수로 부딪힌 상황을 잘 구별 못하는 경우가 많다. 그래서 나는 때린 것과 부딪힌 거 구분하기 활동을 역할극으로 자주 하곤 한다) 민호가 '미안'이라고 가볍게 말하고 지나갔고, 한이는 진정한 사과가 아니라고 생각해 엄마에게 사과를 못 받았다고 말한 것이었다. 그 자리에서 사과하도록 하고 그 일을 마무리 지었다. 한이 어머니께서 요구한 공개적인 사과는 당연히 하지 않았다. 그때 만약 사과 3단계를 알고 아이들에게 미리 안내했더라면 그날 나의 저녁 시간을 망치지 않았을 텐데 하는 생각이 든다.

지난번에는 이런 일도 있었다. 서현이가 화가 난 모습으로 씩씩거리며 왔고, 그 뒤로 미성이도 따라서 오고 있었다.

"선생님! 미성이가 사과 안 해요."

"아니 사과했어요."

상황 파악을 위해 둘 사이에 일어난 일에 대해 들어보았다. 미성이가 지나가다 서현이가 만든 블록을 무너트렸고, 화가 난 서현이가 "사과해!"라고 소리를 질렀다. 미성이는 서현이를 쳐다보지도 않고 자신이 찾던 블록을 상자 속에서 계속 찾으며 "미안해."라고 했다. 미성이는 '미안해.'라고 했으니 사과했다고 생각했고, 서현이는 자신을 쳐다보지도 않고 어깨를 쓸어주지도 않았으니, 진심으로 사과를 한 게 아니라 사과를 못 받았다고 하는 상황이었다. 둘을 진정시키고 다시 사과하도록 하고 그 일을 마무리 지었다. 원에서는 많은 아이가 사과할 때 상대방 어깨를 쓸어내리며 "미안해."라고 한다. 유치원 교사지만 왜 그런 행동을 하면서 사과하는지 궁금해 어린이집 선생님께 여쭤봤다. 어린이집에서는 아이들이 너무 어려 사과를 말로 잘 표현할 수 없는 경우가 많아 행동으로 하도록 가르친다고 했다.

그 일 이후 PDC의 사과하기 3단계를 아이들과 함께하였고 사과와 관련돼 생기는 문제들이 차차 사라졌다. 어떻게 아이들에게 사과를 가르쳐야 할지 고민이라면 이 활동을 함께해 보길 바란다.

〈 1. 사과하기 3단계 〉
— 준비물: 손 인형, 문제 상황 이야기(아이들과 브레인스토밍했던 내용)

[경험 나누기]
▶ 다른 사람에게 사과한 적이 있나요?
— 실수로 친구 블록을 무너트려서 '미안해'라고 했어요.
▶ 사과를 받아 본 적은 있나요?

[브레인스토밍]
▶ 사과가 필요한 상황은 언제일까요?
— 친구의 어깨를 치거나 발을 밟은 상황

— 친구가 만든 블록을 무너트린 상황

— 친구의 물건을 모르고 사용한 상황

[지혜 키움]

▶ 부적절한 사과로 인한 문제 상황을 손 인형을 통해 보여준다.

해설: 누리가 복도를 지나가고 있는데 별이가 다른 곳을 보다가 누리의 어깨를 치고 말았어.

누리: "아야. 네가 내 어깨 쳤잖아. 사과해."

별이: "나 복도에 걸려 있는 내 그림 찾는다고 너를 못 봤어."

누리: "그래도 사과해야지."

별이: "아니 일부러 친 거 아니잖아. 내 그림 찾다가 너를 못 봤다고."

누리: "그래도 나는 아프다고. 사과는 해야지."

별이: "그래 사과할게. 사과하면 되잖아. 미안."

▶ 아이들이 이 상황의 문제점을 찾을 수 있도록 질문한다.

— 누리의 기분은 어떨까요?

— 별이가 사과했지만, 누리는 사과를 받은 기분이 들까요?

— 그럼 별이가 어떻게 사과를 하면 누리는 사과를 받은 기분이 들까요?

▶ 사과에도 단계가 있어요. 사과 3단계를 소개할게요.

— (상황에 관한 내용 – 어깨를 쳐서) 미안해.

— 다음부터는 조심할게.

— 내 사과를 받아줄래?

[행동 열기]

1. 이 상황을 역할극으로 연습한다.

— 누리, 별이 역할을 할 친구 지원받기

2. 다양한 상황을 예시로 역할극을 한다. 아이들은 다양한 상황에 대한 적용 능력이 어른만큼 능숙하지 못하므로 다양한 상황에 대한 역할극을 직접 해보는 것이 사과의 기술을 익히는 데 도움이 된다.

— 실수로 친구의 어깨를 친 경우

— 실수로 친구의 블록을 무너트린 경우

3. 사과 3단계 벽에 게시한다.

— 아이들이 자연스럽게 익힐 수 있도록 교실 한 곳에 사과 3단계를 게시해 둘 것을 추천한다.

(9) 서로 다름 인정하기

아이들은 자신이 가진 기준과 다르다고 생각되는 사람을 보게 되면 그 사람이 민망할 정도로 빤히 쳐다보곤 한다. 이는 이상한 일이 아니다. 어른인 우리도 내 기준과 다른 사람을 볼 때 아이들처럼 빤히 쳐다보지는 않지만 머릿속으로 평가하는 일이 종종 있지 않은가.

우리 반 유빈이는 자신과 다른 생각을 하는 사람을 받아들이기 힘들어하는 아이다. 유빈이는 7세(만 5세) 남자아이로 초등학교에 다니는 누나가 있다. 유빈이 아버지는 다른 지역에서 직장을 다니고 계셔서 주말에만 유빈이를 만난다. 주 양육자는 어머니로 어머니는 학습에 대해 굉장히 관심이 많으신 분이다. 유빈이는 요일마다 다른 학원에 다니고 있으며 유치원 가방에 원서로 된 동화책을 넣고 다닌다. 유빈이는 친구들에게 관심이 많고 자신이 친구들에게 도움이 될 때 뿌듯함을 느끼며 좋아하는 아이다. 그런데 친구들과의 놀이의 끝은 늘 친구들의 억울함으로 끝나는 경우가 많다. 예를 들면 한 친구가 "나는 파란색이 좋아. 그래서 파란색 주차장을 만들 거야."라고 하면 유빈이는 "아니야, 주차장은 회색이야."라고 한다. 친구가 "나는 파란색이 좋아 그냥 파란색으로 만들 거야."라고 하면 "아니야, 주차장은 회색이 많고 파란색으로 만들면 사람들이 어지러워서 싫어할 거야."라고 한다. 그러면 그 친구는 "선생님 저는 파란색이 예뻐서 파란색 주차장 만들건데 유빈이는 계속 주차장은 회색이라고 다른 색은 안 된다고 해요."라며 속상해서 말하는 일들이 종종 있다. 선생님 반 아이 중 유빈이처럼 자기 생각은 맞고 다른 친구의 생각은 틀렸다고 생각하는 아이가 있어서 고민이라면 이 활동을 아이들과 함께해 보길 바란다.

〈 1. 정글 속 다양한 동물 〉

— 준비물: 4가지 동물 활동지, 매직, 카멜레온, 사자, 독수리,
거북이 사진

[흥미 유발 – 스토리텔링]

▶ 어제 놀이터에서 놀다가 신기하게 생긴 토끼를 봤어요. 이
토끼는 마치 자신이 사람인 것처럼 시계를 보며 '늦었다.
늦었어.' 하며 어디론가 가고 있었어요. 나는 너무 신기해
토끼를 따라갔죠. 그런데 토끼가 들어간 구멍으로 나도 들
어갔더니 이상한 문 하나가 나왔어요. 그 문 앞에는 이런
안내문이 적혀 있었어요. "동물 나라에 오신 것을 환영합
니다. 4가지 동물 중 한 동물로 변해 동물나라에서 즐겁게
놀다 가세요."라고 쓰여 있었어요. 이 4가지 동물은 사자,
카멜레온, 독수리, 거북이예요. 우리 친구들은 어떤 동물
을 선택하고 싶나요?

[행동 열기]

1. 동물을 선택한다. (아이들은 자신과 친한 친구를 따라가려
고 하는 경향이 강하다. 그러므로 한 명씩 나와 동물을 선택
하고 서로 비밀로 하도록 미리 약속한다.)
2. 같은 동물을 선택한 아이들끼리 모이도록 한다.
3. 그 동물을 선택한 이유를 먼저 의논해서 적도록 한다.

4. 다른 동물을 선택하지 않은 이유를 차례로 적도록 한다.

5. 팀원이 모두 앞으로 나와 자신들의 생각을 발표한다.

— 아이들은 자신이 선택한 동물의 안 좋은 점을 다른 팀에서 말할 때 반응할 것이다. 아이들이 다름을 알아가는 과정이므로 어느 정도의 범위 안에서 그 반응을 허용해 주자.

6. 이 활동을 하면서 하게 된 생각과 느낌을 이야기 나눈다. (아이들이 다름은 틀린 게 아니라는 것을 알 수 있는 질문들을 한다.)

— 카멜레온을 선택한 친구들은 카멜레온 색이 예뻐서 좋다고 했는데 카멜레온을 선택 안 한 팀에서는 카멜레온 색이 징그럽다고 했어요. 누가 틀린 건가요? 둘 다 틀렸나요?

7. 다른 건 틀린 게 아니라는 것을 아이들이 느낄 수 있도록 충분히 이야기를 나눈다.

— 둘다 틀린게 아니에요. 그냥 생각이 다른 거에요. 생각이 나르다는 건 틀린게 아니에요

(10) 학급회의

아이들은 종종 교사가 판사가 되어 심판해 주기를 원할 때가 있다. 하지만 어떤 경우에는 A 입장도 이해가 가고 B의 입장도 이해가 가는 경우가 있다. 나도 예전에 어떻게 결정해야 할지 몰라 당황했던 적이 있다. 줄을 시시 급식실로 이동하던 중 승민이가

줄을 이탈했다가 돌아왔다. 승민이 뒤에는 성준이가 서 있었고 성준이는 승민이가 돌아오자, 승민이에게 새치기했다면서 화를 냈다. 순간 나는 누구의 판단이 맞는지 판단할 수 없었다. 잠깐의 자리 이탈도 이탈이니 뒤로 가는 게 맞는 걸까? 잠깐 이탈한 거니 원래 자리로 돌아와 서는 게 맞는 것일까? 결국 나는 아무런 판단도 내리지 않고 교실에 가서 이야기하자고 했다. 이런 일도 있었다. 효주가 와서는 "선생님 저는 꽃게 레고를 바닥에 놓고 잠시 다른 곳에 갔는데 새미가 가지고 갔어요. 그래서 달라고 했는데 안 줘요." 새미는 "아니에요. 저는 꽃게 레고를 아무도 안 가지고 놀아서 가져간 거예요." 그래서 "새미야! 효주가 바닥에 잠깐 놓고 간 거래. 효주가 먼저 가지고 놀았으니 돌려주자."라고 하면서 마무리를 지었다. 그런데 가만 생각해 보니 얼마나 오래 바닥에 있어야 다시 발견한 사람이 가지고 놀 수 있는 걸까? 바닥에 놓고 가면 소유권이 없어지는 걸까? 계속 가지고 놀고 있다는 표시가 있어야 하는 건 아닐까? 하는 생각이 들었다.

이런 경우 교사의 일방적인 판단 기준에 의해 모든 것을 결정해 주는 건 아니라는 생각이 들었다. 그래서 PDC 활동 중 하나인 학급회의를 생각했지만, 솔직히 걱정됐다. 학급회의를 유치원 아이들과 함께할 수 있을까? 하지만 도전했고 가능하다는 것을 알게 되었다. 학급에서 이런저런 결정을 해야 하는데 교사 혼자 결정하기에 망설여지는 일들이 있다면 아이들과 함께 학급회의를 통해 결정해 보길 바란다.

〈 1. 학급회의를 위한 준비 활동 〉
— 준비물: 마스킹테이프로 그려진 반 아이들 모두 앉을 수 있는 크기의 원

[원 만들기 1]
1. 마스킹테이프로 아이들이 다 앉을 수 있는 크기의 원을 만든다. (아이들이 원에 익숙해지도록 하는 활동이다. 어느 정도 익숙해지면 이 활동 없이 바로 원 만들기 활동을 해도 된다.)

[호기심 질문]
▶ 우리 반에서 변한 부분이 있어요. 어디일까요?
— 바닥에 원이 생겼어요.

[행동 열기]
1. 아동들이 원 위에 선다.
2. 익숙한 노래에 맞춰 원 위를 걸어본다. ('동그라미 만들자' 동요 추천)
3. 다양한 방법(군인처럼 씩씩하게, 참새처럼 총총)으로 걸어보는 시간을 가진다.
4. 어느 정도 원에 익숙해지면 동그라민 원 위에 앉도록 한다.

[원 만들기 2]

— 준비물: 뒷면에 '빠르게'라고 적힌 경주용 자동차 그림, 뒷면에 '조용하게'라고 적힌 사자가 잠자고 있는 그림, 뒷면에 '안전하게'라고 적힌 경찰 모습 그림, 토킹스틱(아이들이 편하게 들고 말할 수 있는 도구)

[호기심 질문]

▶ 이건 경주용 자동차예요. 경주용 자동차는 어떻게 해야 경주에서 이길 수 있나요?

▶ 우리도 경주용 자동차처럼 빨리 손뼉을 쳐보도록 해요.
(교사가 손가락 다섯 개 접을 때까지만 손뼉을 치도록 한다. 만약 이런 약속을 미리 정하지 않는다면 아이들은 계속해서 손뼉을 치려고 할 것이다.)

▶ 이젠 아주 느리게 손뼉을 쳐보도록 해요.

▶ 빠르게와 느리게는 어떤 차이점이 있나요?
(빠르게 하면 손뼉을 10번 정도 칠 수 있지만 느리게 하면 손뼉을 한두 번만 칠 수 있다는 것을 알도록 즉, 빠르게 하면 많이 할 수 있지만, 느리게 하면 조금 할 수 있다는 것을 아이들이 느낄 수 있도록 한다.)

▶ 잠자는 사자가 있어요. 만약 잠사는 사자 옆을 지나가게 된다면 우리는 어떻게 지나가야 하나요?

▶ 조용히 지나가지 않는다면 사자가 깨서 우리를 앙~ 잡아

먹을지도 몰라요. 그러면 사자가 깰 정도의 큰 소리란 어떤 소리인가요? 작은 소리란 어떤 소리인가요? 우리 큰 소리로 말해 봐요.

▶ 이제 작은 소리로 말해 봐요.

▶ 크게 말했을 때 옆 친구의 말을 들을 수 있었나요?

▶ 작게 말했을 때는 옆 친구의 말을 들을 수 있었나요?

▶ 경찰은 어떤 일을 하나요?

▶ 경찰은 우리가 안전하게 지낼 수 있도록 도와주지요. 안전이란 뭘까요? 만약 우리가 원을 만들 때 안전하지 않다면 어떤 일이 일어날까요?

[행동 열기]

1. 원을 만들 때 3가지(빠르게, 안전하게, 조용하게)를 생각하며 원을 만들어 본다.

2. 노래에 맞춰 원 만들기를 한다.

(짧은 노래에 맞춰 원 만들기를 하면 아이들은 즐겁게 원을 만들 것이다. 초시계를 사용해 시간을 측정하며 활동하는 것도 추천한다. '우리가 원을 만드는 데 얼마나 걸리는지 재어 보자'라고 하면 아이들은 더 즐겁게 놀이에 몰입하여 최대한 빨리 원을 만들려고 할 것이다.)

〈 2. 감사 나누기 〉

— 준비물: 토킹스틱(토킹스틱을 가진 아이만 말할 수 있다
는 약속을 정하고 진행한다.)

[활동 사전 준비하기]

1. 옆 반 선생님이나 유치원 관계자 중 도움을 줄 수 있는 어른
에게 사전에 도움을 요청한다.

[행동 열기]

1. 아이들이 이 상황을 관찰할 수 있도록 한다.
(옆 반 선생님이 똑똑 노크하고 들어와 책을 빌려달라고 한다.
교사는 책을 빌려준다. 옆 반 선생님은 "책을 빌려주셔서 감사
합니다."라는 말을 한다. 교사도 "감사합니다."라고 한다.)

2. 아이들과 이 상황에 관해 이야기 나눈다. (옆 반 선생님
이 '감사합니다.'라고 말했고 선생님도 '감사합니다'라고 말한
상황)

3. 엄지와 검지로 동그라미를 만들어 두 손으로 안경을 만든
다. 아이들에게 이건 '좋은 발견자 안경'이라고 말한다.

4. 아이들에게 우리는 지금부터 좋은 발견자 안경을 쓰고 친
구의 친절하고 도움이 되는 행동을 찾을 것이며, 친구의 친
절하고 도움이 되는 행동에 대해 감사 나누기를 할 것이라
고 안내한다.

5. 다음 시간 친구 감사 나누기를 한다. 감사를 받은 친구는 "감사합니다."라고 답한다.

〈 3. 학급회의 〉
— 준비물: 칠판, 토킹스틱

원 만들기와 감사 나누기가 어느 정도 익숙해지면 본격적인 학급회의를 할 수 있다. 교사가 명심해야 하는 것은 서두르지 말라는 것이다. 차근차근 여유를 가지고 하다 보면 어느새 아이들은 학급회의가 유치원 생활의 일부라고 생각하게 될 것이다.

[호기심 질문]
▶ 학급회의 할 때 우리가 정한 약속에는 어떤 것이 있나요?
— 다른 사람이 말하는 동안 들어요.
— 토킹스틱을 가진 사람만 말해요.
— 해결책을 찾아요.
— 친구를 비웃지 않아요.(유치원에서는 비난이란 개념이 어려워 비웃는다는 말로 대신해서 사용함)

[행동 열기]
1. 원 만들기를 한다.
2. 감사 나누기를 한다.

3. 이전 해결책을 확인한다.

— 이전 해결책이 잘 되었다면 두 팔로 O를,

　잘되지 않았다면 두 팔로 X를 하기로 미리 약속을 정한다.

4. 만약 해결이 안 되었다는 의견이 많으면 안건으로 다시 올
　려 다른 해결 방법을 의논한다.

5. 안건을 확인한다.

— 안건은 학급회의 시간에 말해 정할 수도 있지만, 평소에 문
　제 상황이 발생했을 때 교사가 학급회의 안건으로 올리면
　어떻겠냐고 미리 물어보고 당사자들의 동의가 있으면 그
　내용을 안건으로 올릴 수도 있다.

— 안건 정하기 (만약 다양한 안건이 올라왔다면 가장 시급한
　안건을 투표로 결정한다.)

6. 이야기로 안건을 확인한다.

— 인형극을 통한 안건 확인하기를 추천한다. 아이들은 설명보
　다 스토리텔링을 더 잘 이해하므로 안건에 관한 내용을 이야
　기로 만들어 인형극을 통해 제시한다.

— 안건을 제시할 때는 신중하게 해야 한다. 한 아이의 행동에
　대한 안건을 제시하면 한 아이가 비난받는 대상자가 되거
　나 낙인이 찍히는 계기를 마련해 줄 수도 있기 때문이다.

7. 해결책 브레인스토밍을 한다.

— 모두의 생각은 다르므로 우리는 서로의 생각을 존중해 주
　도록 한 약속을 상기시킨다.

— 해결책을 생각한 아이가 손을 들고 자기 생각을 말한다.

— 제시된 해결책을 칠판에 적는다. (어떤 해결책이라도 가능하다는 것을 알려주기 위해 교사는 아이들이 제시한 모든 발언들을 칠판에 적는다)

— 이 활동이 익숙해진다면 모든 아이가 해결책을 제시할 수 있도록 돌아가며 발언하도록 한다. 처음에는 부끄러워 자기 생각을 말하지 못했던 아이들도 이 활동이 익숙해지면 조금씩 의견 제시를 하게 될 것이다.

8. 해결책을 선택한다.

— 해결책을 선택하기 전 아이들에게 3R 1H에 대해 알려주어야 한다. 선택의 기준이 되기 때문이다.

9. 소감 나누기를 한다.

— 한 명씩 돌아가며 소감 나누기를 해도 되고 몇 명만 소감 나누기를 해도 된다. 혹시 학급회의에서 한 번도 발언한 적이 없는 아이가 있다면 모두 소감을 나눌 기회를 주는 것도 좋다.

3R1H란?

▶ 연관성 Related: 해결책은 안건과 연관성이 있어야 한다. 장난감 정리 안 하는 문제에 대한 해결책으로, 급식실로 이동할 때 맨 끝에 서도록 하는 것은 장난감 정리와 아무런 연관이 없는 해결책이다.

▶ 존중^{Respectful}: 만약 누구 하나의 독단적인 선택으로 해결 방법이 선택된다면 아이들은 앞으로 해결 방법을 제시하지 않을 것이다. 제시해 봤자 누구 하나의 선택이 또 선택 될 게 뻔하니, 누구 하나의 해결책이 아닌 모두가 동의한 해결책을 선택하도록 한다.

▶ 합리성^{Reasonable}: 해결 방법은 체벌적이어서는 안 된다. 장난감 정리가 잘 안 되는 문제 상황에 대한 해결책으로 '동생 반으로 보내요'는 해결책이 아니라 벌이라고 봐야 할 것 같다. 전혀 합리적이지 않다고 봐야 한다.

▶ 도움^{Helpful}: 해결 방법은 아이들의 더 나은 태도 형성에 도움이 되어야 한다. 장난감 정리가 잘 안 되는 문제 상황에 대한 해결책으로 '도우미 친구가 정리해요'라는 해결 방법을 제시한다면 이 해결책은 정리를 안 하는 아이의 정리 태도 형성에 전혀 도움이 되지 않는다.

아이들이 제시한 안건 중 3R1H에 부합되는 해결책으로 선택한다. 3R1H에 부합되지 않는 해결책을 지우면서 선택하면 효과적이다.

2장

학급긍정훈육법을 활용한
이음학기 집중 기간 이음교육

이음학기 집중 기간에 7세 아이들이 학교에 잘 적응하도록 할 수 있는 이음교육은 무엇일까? 학부모님께 홍보하기 좋은 유·초 이음교육은 없을까? 이런 고민을 하며 2학기에 유·초 이음교육을 계획하고 있는 교사를 위해 2장에서는 PDC를 적용한 실제 이음교육을 실었다. 먼저 유·초 이음교육이 사회정서발달과 사회정서기술의 중요성과 연결되어 있음을 설명한다. 그리고 초등학교 입학 준비를 위한 필수적인 다섯 가지 준비 사항을 제시한다. 만족지연, 감정 문해력, 협력, 의사소통, 용기와 성장 마인드셋의 필수 다섯 가지를 주제로 이음학기 집중 기간에 8주 동안 진행할 수 있는 실제 수업 방법을 소개하고자 한다. 8주 수업은 호기심 질문과 그림책 예화를 통해 오늘 배울 정보(사회정서기술)를 제공한다. 그리고 경험 활동으로 직접 경험해 볼 수 있도록 사회성 놀이를 통해 사회정서기술을 자연스럽게 습득하는 데 도움을 줄 것이다.

(1) 다섯 가지 중요한 학교 준비 기술

1학기 7월쯤, 7세 두 친구가 나눈 대화다. 수민이와 지수는 그림책을 보고 있었다. 수민이는 글을 읽지 못했고 지수는 글을 읽을 줄 알았다. 지수는 "수민아, 너 한글 못 읽어?"라고, 묻는다. "응, 나 아직 한글 못 읽어." 수민이는 당당하고 담담하게 대답한다. 지수는 "그럼 어떡해?" 수민이는 "네가 읽어줘. 2학기가 되면 나도 읽을 수 있을 거야. 그때 내가 너에게 읽어줄게."라고, 대답한다…. "그래."라고 지수가 대답하고 수민에게 그림책을 읽어 준다.

20년 전에 가르쳤던 수민이다. 아직도 어렴풋이 기억난다. 까만 얼굴에 팔, 다리가 긴 단발머리 아이! 수민이는 리더십이 있고 발표도 잘했다. 잘 웃고 친구들에게 인기가 많았고 교사에게도 예의가 바른 아이였다. 자존감이 높고 할 일은 스스로 찾아 하는 아이였고 한글을 몰라도 당당한 아이였다. 사회정서발달이 잘 된 아이라는 표현이 딱 맞는 아이였다. 수민은 2학기 말쯤에 한글은 뗐고 학교에 입학했다. 선행학습을 하지도 않았고 단지 원 생활을 행복하게 한 아이였다. 수민이의 학교생활은 어땠을까? 친구 관계가 원만하며 주도적이고 학습 대도가 좋은 아이로 1학년 담임교사에게 인정받는 아이가 되었다.

수민이 이야기와 같은 결과를 보여주는 최근 연구와 전문가들의 꾸준한 연구 결과들이 있다. 초등학교 1학년의 적응을 돕는 핵심 요인에서 인지발달이나 일반 지식과 관련한 학교 준비도는 학교 적응에 그다지 크게 영향을 미치지 않음을 말해준다.

반면에 1학년에 부적응이 되는 요인 중에는 '집행기능 곤란'으로 확인되었다. 집행기능이란 생각과 행동을 통제하고 조절하는 기능으로 목표 지향적 행동, 집중력 조절, 정서 조절 계획 및 조직화 등의 요소를 포함한다.[2] 1학년에 적응을 잘했던 아이들은 '사회적 유능감'이 높았다.[3] '사회적 유능감'이란 타인과 관계를 원만하게 유지하기 위한 사회적인 기술의 정도를 의미하며 학급의 규범을 이해하고 자신의 정서와 행동을 학급 상황에 적합하게 통합하는 능력을 말한다. 수민이처럼 말이다.

PDC에서는 배움을 위한 두 개의 필요충분조건인 학문적 성장과 사회정서발달이 필요하다고 한다. 기차가 잘 달리기 위해선 두 개의 선로가 필요하다. 이 선로 중에 먼저 놓아야 하는 선로는 바로 사회정서발달이다. 사회정서기술을 배우지 않은 경우 학교생활과 학습의 어려움으로 학문적 성장의 선로가 탈선의 위험이 있는 것과 같기 때문이다. 한쪽 선로가 탈선한다면 어떻게 되겠는가? 기차는 목적지까지 도착하지 못하게 될 것이다.

7세에서 8세로 1학년이 되는 생애 최초 전환기에 교사가 아이들이 기차의 목적지에 잘 도착하도록 우선해야 하는 교육은 사회정서기술을 가르치는 일이다.

사회정서발달은 타고나는 것이 아니라 의미 있는 타인으로부터 배울 수 있고 성장할 수 있다는 것이다. 유·초 이음교육에서도 유아에 대한 학교 준비도를 강조하고 있다. 준비도의 의미는 유아의 학업적 성취를 위한 기초적인 문해력, 수리력에 대한 준비(학습 준비)뿐 아니라 유아의 학교생활 전반과 적응력을 돕는 행동 차원의 역량까지 포괄하는 개념이다.[4]

유·초 이음교육을 위한 교육 과정 운영은 역량 중심의 접근으로 유아의 지속적인 성장과 전인적인 발달을 지원하기 위한 기초 역량인 신체운동역량, 생애학습역량, 자기관리역량, 사회정서역량 등을 중심으로 운영한다. 8주 교육은 기초 역량에서 자기관리역량, 사회정서역량을 중심으로 교육을 계획하였고 '이음학기 집중 기간'에 매주 1회 40분씩 8주 진행할 수 있도록 구성했다.

그리고 초등학교 입학 학교 준비도를 위해 ECE[Positive Discipline for Early Childhood Educators, 영유아기 교육자를 위한 긍정훈육]에서는 다섯 가지 준비 사항을 제시하고 있다. 초등학교 준비 8주 교육은 이 다섯 가지 주제를 중심으로 교육했다.[5]

1. 만족지연

아이들은 재미있는 활동이나 노는 것을 멈추고 서클 타임처럼 좋아하지 않는 것에 참여할 수 있어야 한다.

2. 감정 문해력

아이들은 분노, 좌절, 및 실망과 같은 강한 감정이 일상으로 압도되지 않도록 관리할 수 있어야 한다.

3. 협력

아이들은 놀이에서 의사 결정을 다른 아이들과 공유할 수 있어야 한다.

4. 의사소통

아이들은 다른 사람과 자신을 존중하면서 인간관계에서 필연적으로 발생하는 문제를 해결하기 위헤 말을 사용할 수 있어야 한다.

5. 용기와 성장 마인드셋

아이들은 처음에 도전적인 문제에 대한 해답을 찾기 위해 상황을 파악하고 인내할 수 있는 능력을 기를 필요가 있다. 반대로 진정으로 답을 찾지 못하고 있다고 느낄 때는 도움을 요청할 수 있어야 한다.

이 다섯 가지의 중요한 학교 준비 기술인 만족지연, 협력 기술, 감정 문해력, 의사소통 능력, 용기와 성장 마인드셋을 충분히 숙달한 아이는 사회정서발달을 이룬다. 이 사회정서 교육을 통해 아이들은 다른 사람과 연결될 수 있으며 스스로 할 수 있다고 느끼는 아이로 학교에 입학하게 된다.

"나는 여기에 속해 있고 나를 아끼는 중요한 사람들과 정서적으로 강하게 연결되어 있다.""나는 능력 있고 나의 공헌은 가치가 있다."라는 두 가지 믿음을 가진 아이는 소속감과 중요성을 획득한 것이고 이 두 가지 선물을 받은 아이는 비로소 학교에 갈 준비가 된 것이다.

(2) 첫 번째 기술, 감정 문해력

다른 주제는 이음학기 집중 기간에 하더라도 감정 문해력만큼은 매일매일 활동을 하기를 권하고 싶다. 다른 주제들의 뿌리가 되어줄 주제이다. 또 하나의 이유는 감정을 인식하고 감정에 이름을 붙이고 감정을 표현하는 정서지능이 높을수록 사회성 발달에 도움을 주기 때문이다.

아이들이 등원하면 자신의 감정을 감정판에 붙인다. 부정적 감정을 붙인 유아에겐 무슨 일이 있었는지 물어보고 말해 줄 때 공감하고, 말하고 싶지 않다고 표현하면 이야기 하고 싶을 때 말해 달라고 한다. 교사도 감정판에 감정을 붙이는데 교사가 감정을 부착 안 했을 땐 아이들이 와서 알려주고, 이유도 물어보는 내화 속에 아이들과 연결되는 시간을 갖는다. 친구가 '슬픔'이라는 감정을 붙일 때는 관심 갖고 물어보고 공감하고 위로하기도 한다.

그림책을 읽어 줄 때도 주인공들의 감정을 알아보고 자신은 어떤 상황에서 주인공과 같은 감정을 느꼈는지 경험을 나눈다. 전래동화도 감정 수업에 활용하면 좋다. 주인공이 가진 다양한 감정의 변화가 잘 나타나는 기승전결의 스토리로 간접 경험을 나눌 수 있기 때문이다.

[아이의 이야기]

7세 여자 세 명은 단짝이지만 자신의 의견대로 놀기 위해 다투기도 했다. 다투다가도 문제 해결을 위해 "우리 모여서 이야기 해." 하며 '문제 해결 의자'로 가서 대화로 해결하고 올 때도 있었다. 그리고 교사의 개입이 필요할 때도 있었다.

어느 날 수아와 다혜가 의견 대립이 있었고 정아도 수아의 말을 들어주지 않는 상황이었다. 나는 적절히 개입할 때를 관찰하고 있었는데 수아가 놀이에서 나와 감정판으로 가더니 등원할 때 신나는 감정에 붙였던 자기 얼굴 사진을 떼어서 화나는 감정에 옮겨 붙였다. "수아야, 선생님의 도움이 필요하니?"라고 물으니 "지금은 말하고 싶지 않아요."라고 대답했다. "그럼, 이야기하고 싶을 때나 선생님의 도움이 필요하면 이야기 해줘."라고 말한 뒤 한발 물러서서 관찰했다.

수아는 그림을 그리며 혼자 시간을 가진 후, 다혜와 정아에게 가서 다시 놀이를 함께했다. 나중에 신나는 감정에서 화나는 감정으로 바뀌 붙인 이유를 물으니, 다혜가 자기 말을 안 들어주고 정아도 내 편을 들어주지 않아 화나는 감정에 붙였다고 했다. 그래서 지금은 어떤 감정인지 물으니 감정 표를 화나는 감정으로 바꿔 붙이고 혼자 그림을 그렸더니 화가 풀렸다고 했다. "수아는 화난 감정을 알아차리고 혼자 그림을 그리면서 감정을 조절했구나!"라고 격려했다. 이렇듯 아이는 자신의 감정을 알 때 자기조절의 단계로 넘어갈 수 있다.

1주 : 나는 입학 첫날 어떤 감정일까?

[호기심 질문]
▶ 친구들은 초등학교 입학 첫날 어떤 감정이 들까요?
— 아이들은 초등학교 입학에 대한 긍정적 감정과 부정적인 감정으로 나뉜다.
  이유와 함께 발표하도록 한다.
— 컬러 몬스터도 친구들과 함께 학교에 갔대요.

[경험 나눔]

— 그림책 : 『컬러 몬스터 학교에 가다.』

▶ 호기심 질문과 연결하여 이야기로 들어간다.

컬러 몬스터는 학교에 가면 어떤 감정이 들까요? 우리도 컬러 몬스터 따라 학교에 가볼까요?

▶ 그림책 내용 질문하기

— 컬러 몬스터는 왜 커튼 뒤에 숨었을까요?

— 시간이 흐르면서 컬러 몬스터의 감정은 어떻게 변했나요?

— 컬러 몬스터를 학교에 안내한 여자 친구의 감정은 어떨까요?

— 하교하는 컬러 몬스터의 감정은 어떻게 변했나요?

— 컬러 몬스터는 부정적인 감정에서 긍정적인 감정으로 변했을까요?

(아이들 대답 : 재미있어요 / 친구들이 있어요 / 선생님이 친절해요.)

[지혜 키움]

▶ 긍정적인 감정, 부정적인 감정을 표현해 주세요.

1. 전지에 긍정적 감정, 부정적 감정을 나누어 적는다.

2. 감정을 표현할 때 이유를 발표하도록 격려한다.

3. 어른들이 부정적 감정을 표현하는 아이를 비난하는 흉내를 내어 보여준다.

4. 모든 감정은 다 옳은데 왜 어른이 화를 냈는지 이유를 생각

해 본다.

5. 모든 감정은 다 옳지만, 표현하는 방법을 배워야 함을 이야기 나눈다.

[행동 열기]

▶ A : 컬러 몬스터 감정 놀이

1. 의자를 동그랗게 놓고 앉는다.

2. 기쁨, 화남, 슬픔, 즐거움을 4명씩 반복하여 맡아서 차례로 기억한다.

3. 술래에게 아이들이 어떤 감정을 좋아하나요? 물으면 술래가 "화남"이라고 대답한다. 이때 화남을 맡은 아이들은 모두 움직여 다른 자리로 이동한다.

4. 술래가 네 가지 감정을 돌아가며 선택하여 아이들이 모두 자리를 바꿀 수 있도록 한다.

5. 술래가 컬러 몬스터라고 대답하면 모든 감정이(모든 아이) 자리를 바꾼다.

6. 첫 게임에 교사가 함께하여 자리에 못 앉는 아이가 술래가 되도록 한다.

(익숙해지면 6가지 감정으로 늘려도 좋다.)

▶ B : 감정 단어와 이유를 말한다.

학교 입학 첫날 어떤 감정이 들까요? 이유와 함께 말해주세요.

나는 _____ 감정이에요.

왜냐하면 _____ 때문입니다.

[아하! ~~알게 된 걸 축하해!]

▶ 오늘 무엇을 알게 되었어요? 무엇을 배웠나요?

(아이들 대답 : 감정 단어를 많이 알았어요 / 친구와 감정
이 같을 수도 있어요 / 학교에 가면 편안할 것 같아요.)

▶ 아이가 알게 된 것, 배운 것을 발표할 때 "아하! 알게 된 걸
축하해! / 아하! 배운 걸 축하해!"라고, 말하면서 친구들
과 동그라미 박수로 축하해 준다.

(3) 두 번째 기술, 만족지연

[아이의 이야기]

민이는 자유놀이 후 다른 활동으로 전환해야 할 때, 놀이를 멈
추고 낮잠을 자러 가야 하는 시간에 더 놀겠다고 울며 떼를 쓰는
아이였다. 어느 날 학급회의 시간에 "도움이 필요한 친구 있을까
요?"라고 질문을 했다. 민이가 손을 들었다. "어떤 도움 받고 싶
니?" 물었더니 "나는 놀이를 멈추는 게 힘들고 화가 나서 조절이

힘들어요."라고 도움을 청했다. 교사는 "민이야~ 이 일을 친구들과 함께 해결해도 되겠니?" 동의를 구하였고 좋다고 했다.

친구들의 해결 방법은 "난 눈감고 열을 세." "화가 난 이유를 선생님에게 말해." "활동 시간이 끝나길 기다려 봐." "그냥 참아." "숨을 세 번 쉬어봐." 각자의 방법을 이야기해 주었다.

교사가 "민이야, 친구들 방법 중에 해보고 싶은 방법이 있니?" 물었더니 "난 눈 감고 있으면 더 화나고 답답해요."라고, 한다···. 교사는 "민이야, 각자 방법이 다 다르단다. 우리 민이가 해보고 싶은 방법을 선택해 볼까? 아니면 다른 좋은 해결책을 갖고 있니?" 다시 질문했다. "전 그냥 '푹신이'에서(긍정적 타임아웃 공간) 눈 감고 이불 덮고 쉴래요." "좋아! 민이가 해보고 도움이 필요하면 선생님을 찾아줘." 민이는 방법을 같이 찾아준 친구들에게 고맙다고 인사했다. 민이는 노는 것을 멈추고 좋아하지 않는 활동에 참여하기가 어렵고 멈춰야 할 때 화가 나는 것을 조절하기 어렵다는 것을 스스로 말하고 도움을 청한 후부터 자제심이 늘어났다. 다른 친구들은 민이가 화 조절이 힘들다는 것을 이해하고 기다려 주기 위해 노력하는 모습을 보였다.

2주 화가 나면 뇌 속에서 일어나는 일

[호기심 질문]

▶ 3단계 수수께끼

어떤 감정인지 맞히는 3단계 수수께끼에요. 3단계까지 다 듣고 '정답'을 외쳐요.

1단계 : 몸에서 열이 나요.

2단계 : 가슴이 두근거려요.

3단계 : 이런 표정이에요. (교사가 화나는 표정을 지어 보인다.)

아이들이 정답을 "'화나는' 입니다."라고 맞추면 화나는 감정 카드를 보여준다.

[경험 나눔]

― 그림책 : 『소피가 화나면 정말로 화나면』

▶ 호기심 질문과 연결하여 이야기로 들어간다.

소피는 정말로 화가 났대요. 소피는 화가 나면 어떻게 될까요?

▶ 그림책 내용 질문하기

― 친구들은 언제 화가 나나요?

(아이들 대답 : 친구가 안 놀아 줄 때, 엄마가 화낼 때, 게임에서 질 때, 같은 말 계속하며 잔소리 들을 때 화가 나요.)

― 화가 나면 우리 몸에서 어떤 신호를 보낼까요?

(아이들 대답 : 얼굴이 빨개져요. 눈물이 나요. 주먹을 쥐어요. 몸에서 열이 나요.)

― 화가 나면 어떻게 풀어요? 어떻게 진정해요? 어떻게 조절

해요?

— (아이들 대답 : 잠자요. 먹어요. 엄마에게 안아달라고 해요. 화가 났다고 말해요.)

[지혜 키움]

▶ 손바닥 뇌 이론

— 우리가 화가 날 때 뇌에선 무슨 일이 일어나고 있을까요?

1. 손바닥을 쭈욱 펴세요.

2. 손목은 뇌간이에요. 자는 것, 깨어나는 것, 숨쉬기, 심장이 뛰는 것, 생명에 대한 일을 담당해요.

3. 엄지를 손바닥으로 안으로 접어보세요. 여기는 감정을 알고 기억을 저장하는 편도체에요

4. 이제 남은 네 손가락을 접어서 엄지를 덮어주세요. 손톱은 전두엽이에요. 나와 다른 사람의 감정도 알아차리고 자신을 진정시켜요. 바른 행동을 선택하고 생각하는 일을 맡아요.

5. 화가 나면 전두엽의 불이 켜지면서 번개처럼 번쩍거리고 우르르 쾅쾅하며 네 개의 손가락이 하늘 위로 열려요. 이걸 뚜껑이 열렸다고 해요.

6. 뚜껑이 열리면 감정 편도체에 빨간불이 번쩍번쩍 들어오면서 위험해!! 외치는 거예요.

7. 우린 위험하면 어떻게 해요? (아이들 답변 : 도망쳐요 / 숨어요 / 싸워요)

8. 뚜껑을 닫고 진정하려면 어떻게 할까요? (소피는 어떻게
   했죠? 친구들은 어떻게 했어요?)

[행동 열기]

▶ 신문지 땡, 얼음 놀이

1. 신문지를 반으로 잘라서 준비한다.

2. 아이는 신문지가 잘 찢어지는 방향으로 신문지를 잡는다.

3. 교사는 "땡"과 "얼음"을 반복해서 말한다.

4. 아이는 "땡"에는 길게 찢다가 "얼음" 하면 멈춘다.

5. 아이는 "화남"에 길게 찢다가 "조절"하면 멈춘다.

▶ 길게 찢은 신문지를 모아서 던지며 화를 날려 버린다고 이
   야기하며 신문지를 날려 본다.

▶ 신문지를 모아 모아서 화를 동글동글 뭉쳐보자. 공처럼 만
   들어 화를 큰 비닐에 모은다. 비닐에 가득 모아지면 묶어서
   수먹으로 쳐보고 발로도 차 본다.

[아하! ~~알게 된 걸 축하해!]

▶ 오늘 무엇을 알게 되었어요? 무엇을 배웠나요?
   (아이들 대답 : 화가 나면 뇌가 뚜껑이 열려요. / 화가 나도
   조절할 수 있어요. / 화날 때 놀이로 풀 수 있어요. / 화가
   나면 멈출 수 있어요.)

▶ 아이가 알게 된 것, 배운 것을 발표할 때 "아하! 알게 된 걸

축하해! / 아하! 배운 걸 축하해!"라고, 말하면서 친구들과 동그라미 박수로 축하해 준다.

3주 : 나는 선택할 수 있어요.

[호기심 질문]
▶ 『소피가 화나면 정말로 화나면』에서 소피는 어떻게 화를 풀었나요?
— 울었어요.
— 뛰었어요.
— 나무로 올라갔어요.
— 바다를 보았어요.
— 바람이 달래줬어요.

[경험 나눔]
— 그림책 : 『소피아의 화를 푸는 방법』
▶ 호기심 질문과 연결하여 이야기로 들어간다.
   새로운 친구 소피아는 어떻게 화를 풀까요?
▶ 그림책 내용 질문하기
— 화난 소피아에게 엄마는 어떻게 말했나요?
— 소피아는 화를 푸는 방법으로 어떤 것을 생각했나요?
— 다시 동생이 소피아를 화나게 했을 때 소피아는 어떻게 했

나요?

[지혜 키움]

▶ 화를 푸는 선택 돌림판 만들기

1. 선택 돌림판을 여섯 개 나누어 그린다.

2. 화를 풀 수 있는 방법을 발표한다. (전지에 모두 적는다.)

3. 발표한 의견 중에 여섯 개를 고른다.

4. 여섯 가지 방법을 글로 쓰거나 그림으로 그린다.

5. 벽면에 붙여둔다.

[행동 열기]

▶ 풍선에 화를 담아 날려 보네요.

1. 원하는 색깔의 풍선을 고른다.

2. 언제 무슨 일로 화가 났는지 이야기 나눈다.

3. 풍선을 불어 화를 담는다.

4. 풍선의 입구를 막고 하나, 둘, 셋에 맞추어 풍선을 날려 보낸다.

― 화야, 날아가라 / 화야, 안녕 잘 가 라고 외쳐도 좋다.

5. 풍선을 다시 찾아 세 번 반복한다.

6. 마지막으로 풍선을 불어 묶은 후 풍선치기 놀이를 한다.
   0에서 10까지 화난 숫자만큼 치며 화를 푸는 방법을 경험한다.

7. 화를 풍선으로 풀어보니 어떤 감정이 들었는지 이야기 나눈다.

[아하! ~~알게 된 걸 축하해!]

▶ 오늘 무엇을 알게 되었어요? 무엇을 배웠나요?

(아이들 대답 : 풍선으로 화를 풀었더니 재미있어요. / 화를 푸는 방법이 여러 가지에요. / 집에 가서 화를 푸는 선택 돌림판을 만들 거예요.)

▶ 아이가 알게 된 것, 배운 것을 발표할 때 "아하! 알게 된 걸 축하해! / 아하! 배운 걸 축하해!"라고, 말하면서 친구들과 동그라미 박수로 축하해 준다.

(4) 세 번째 기술, 협력

[아이들의 이야기]

협력 활동을 하기 전에 먼저 "놀이할 때 어떤 친구가 자기만 좋아하는 역할을 계속하려 해요. 다른 친구들도 좋아하는 인형을 혼자만 가지고 놀려고 해요. 그리고 자꾸 나를 간섭하고 자기 마음대로만 하는 친구가 있어요. 이럴 때 어떤 감정이 들어요?"라고, 질문한다.

또 놀이할 때 협력하려면 어떻게 해야 할까요? 질문하면 배운 대로 들은 대로 말로만 "함께 해야 해요."라고, 한다…. 그러나 실제로 협력 풍선 받기 활동할 때 어떤 모둠은 "너 때문에 졌어." "왜 못 받아."라고 비난하거나 행동으로 못 받게 던지며 장난을 치기도 한다. 다른 모둠은 잘 주고받으며 협력을 잘하기도 한다. 이럴 때는 활동을 멈추게 하고 "어떻게 하면 잘 주고받을 수 있을까?"를 질문한다. 잘 협력한 모둠과 비난하고 간섭한 모둠의 다른 점을 찾아보고 다시 활동한다. 비난과 간섭을 멈추고 활동하며 조금씩 협력이 되어 가는 모습들을 격려한다.

이 활동을 한 후에는 종이 탑 쌓기, 의자에서 떨어지지 않고 자리 바꾸기, 교실 물건으로 가장 길게 줄 만들기 등 협력을 연습할 수 있는 협력 놀이를 활용하여 연습을 더 할 수 있다.

활동하다 보면 통제력과 선택권을 갖고자 하는 유아에게 협력이란 매우 어려운 과제가 된다. 교사가 돕기 위한 개입임에도 불구하고 유아는 잘못을 처벌하는 것처럼 느껴 눈치를 보게 된다. 협력에 어려움을 겪는 아이에게는 직접 개입하여 말로 표현하기보다는 어깨를 만져준다거나 등을 쓰다듬어 주는 등의 비언어적 신호를 만들어 격려한다.

4주 : 함께 이기는 방법

[호기심 질문]

▶ 함께 이기는 가위, 바위, 보

1. 스티커를 나누어준다.

2. 전체가 일어나서 만나는 친구와 가위, 바위, 보 한다.

3. 첫 번째 놀이에서 진 친구는 이긴 친구에게 스티커를 붙여
준다.

4. 두 번째 놀이는 이긴 친구가 진 친구에게 스티커 붙여준다.

5. 세 번째 놀이는 비기면 서로 같이 붙여준다. (승패가 없이
함께 승리하는 놀이)

6. 이 놀이를 통해 느끼는 감정을 나눈다.

(이겼을 때 : 신나요, 재미있어요. / 졌을 때 : 부럽고, 속상해
요. / 함께 승리했을 때 : 편안해요, 고마워요, 행복해요.)

[경험 나눔]

— 그림책 :『함께라면 천하무적』

▶ 호기심 질문과 연결하여 이야기로 들어간다.

혼자 이길 때 좋은 사람? 손 들어 봐요. 함께 이겨서 좋은
사람? 손 들어 봐요.

책 속의 주인공은 혼자, 함께 언제가 좋은지 들어볼까요?

▶ 그림책 내용 질문하기

— 혼자여서 좋았던 적은 언제인가요?

— 함께여서 좋았던 적은 언제인가요?

[지혜 키움]

▶ 협력은 왜 해야 할까요?

— 협력이란 무엇일까?

(서로 도와주는 거요. / 친구와 함께하는 거예요. / 힘을 합치는 거예요.)

— 협력하면 좋은 이유는 무엇일까요?

— 내가 협력해서 뿌듯했던 일이 있나요?

— 친구가 협력해 줘서 감사했던 적이 있나요?

— 문제가 생겼을 때 친구들과 협력하여 해결했던 적이 있나요? 그때 어떤 감정이 들었나요?

[행동 열기]

▶ 우리는 하나다!

1. 물풍선을 만들어 준비한다.

2. 첫 번째 놀이는 둘씩 짝을 지어 물풍선을 주고받는데 서로 못 받게 하는 놀이를 한다.

— 서로 못 받게 하니 어떻게 되었는지 물어본 후 감정도 물어본다.

3. 이번에는 4명~5명씩 소모둠을 만든다.

4. 두 번째 놀이는 소모둠끼리 동그랗게 서서 발로 차서 서로 주고받기 놀이를 한다.

— 놀이가 어떻게 진행되었는지 물어본 후 감정도 물어본다.(물풍선이 잘 안 굴러가서 차보지 못한 아이가 있을 것이다.)

5. 세 번째 놀이는 소모둠 친구끼리 손을 잡고 동그랗게 선다. 그리고 손을 절대 놓지 않고 발로 차서 물풍선을 주고받는다. 물풍선이 원을 빠져나가면 손을 잡고 함께 이동하여 다시 물풍선을 찬다.

"우리는 한 배를 탄 한 팀이에요. 손을 놓으면 우린 바다에 빠진대요. 손을 꼭 잡고 물풍선을 따라가 차는 거예요."

― 이 놀이 후 어떤 생각, 감정이 들었는지 질문한다.

― 첫 번째, 두 번째, 세 번째 놀이를 비교하며 어땠는지 발표한다.

[아하! ~~알게 된 걸 축하해!]

▶ 오늘 무엇을 알게 되었어요? 무엇을 배웠나요?

(아이들의 답변 : 협력하면 즐거워요 / 협력하면 함께 이길 수 있어요 / 협력은 조금 어렵기도 해요 / 혼자 하고 싶을 때도 있어요.)

▶ 아이가 알게 된 것, 배운 것을 발표할 때 아하! 알게 된 걸 축하해!/ 아하! 배운 걸 축하해! 라고, 말하면서 친구들과 동그라미 박수로 축하해 준다.

(5) 네 번째 기술, 의사소통 능력

사회성이 곧 문제 해결 능력이다. 그리고 문제 해결은 의사소통 기술에 따라 합의에 도달하기도 하고 더 다툼이 길어지기도 한다. 아이들끼리 문제가 생기면 교사는 아이들의 이야기를 듣고 각자 감정을 공감한 후 교사와 함께 해결하고 싶은지, 친구들끼리 해결하고 싶은지 의견을 묻는다. 대답에 따라 교사도 문제 해결에 동참하지만, 취학 전 아이들에게는 대부분의 문제를 스스로 해결할 기회를 준다.

문제 해결을 하는 아이들이 서로에게 집중할 수 있도록 공간을 따로 마련하여 배려한다. 교사에게 도움을 청하면 서로의 감정을 공감해 주고 "서로에게 다 좋을 수 있는 방법을 찾을 수 있을 거야. 너희들이 해결할 수 있다고 믿어."라고 격려하며 해결할 시간을 준다.

서로 잘잘못을 따지며 물러서지 않는 친구들에겐 "선생님은 누가 잘했고 누가 잘못했는지는 관심이 없어! 너희들에게 다 좋은 방법으로 문제 해결을 하는 것에 관심이 있단다."라고 말하며 관련된 아이들을 모두 한 배에 태우고 함께 해결책을 찾을 수 있도록 격려한다. 양쪽이 다 좋은 방법을 찾으면 교사에게도 알려 달라고 한다. 해결되었다면 "너희들 스스로 문제를 해결했구나! 자랑스럽겠네!"라고, 격려한다….

연습이 반복되면 아이들은 문제 상황에 교사의 도움 없이 "우리 문제가 생겼어. '문제 해결 의자'로 가서 해결하자."라며 스스로 해결한다. 교사는 모든 훈육 상황에 옳고 그름으로 바로 해결해야 한다는 생각을 잠시 내려놓고 긴 호흡으로 기다려 주는 것도 도움이 될 것이다.

취학 전 아이들에게 중요한 한 가지는 학교 가기 전 문제를 스스로 해결하는 연습을 하고 경험해야 한다는 것이다. 스스로 문제를 해결해 보는 기회를 주고 스스로 해낼 수 있음을 알게 되면 자신감을 갖게 된다. 타인과 문제가 있는 경우에는 타인의 감정에 공감하고 자신의 의견을 말할 수 있는 의사소통 기술과 사회적 기술을 배우게 된다. 이 과정에서 교사는 아이의 감정을 공감하여 아이에게 소속감을 느끼게 하고 스스로 문제를 해결하는 경험을 통해 유능감을 높이는 데 도움을 줄 수 있다. 또한 교실에서 발생하는 문제들은 함께 의논하고 함께 방법을 찾아갈 수 있도록 호기심 질문을 통해 자신의 의견을 냄으로써 기여할 수 있도록 돕는다. 이런 문제 해결 과정에서 교사는 아이마다 개인적으로 응원해주고 반 전체 아이들에게도 아낌없는 격려를 해준다.

[아이들의 이야기]

아이들은 높은 책상, 낮은 책상, 의자를 연결하고 책상 아래를 천과 이불로 막아 공간 안에 서서 노는 것을 좋아했다. 책상을 침대로 만들고 노는 놀이에 푹 빠져 있는 순간 한 유아가 천을 가지고 의자를 밟고 내려오다 미끄러져 이마를 크게 다쳤다. 교사는 사고로 인해 책상, 의자, 이불을 활용하는 놀이는 금지해야 하나? 여기서 금지란 처벌과도 같은 의미가 아닐까? 고민에 빠졌다. 교사의 선택은 금지로 인한 처벌이나 일방적인 지시가 아닌 어떻게 하면 아이들이 좋아하는 놀이를 하면서도 안전하게 놀이를 할 수 있을지 학급회의의 의제로 올리기로 했다.

아이들은 "이제 책상과 의자로 놀면 안 돼요."라는 금지하자는 의견과 "재미있는데 못 놀면 슬퍼요."라는 욕구 존중에 대한 의견으로 나뉘었다. 교사는 "우리가 좋아하는 놀이를 하면서도 어떻게 하면 안전하게 놀이할 수 있을까?"라고 해결책에 초점을 맞추어 다시 질문했다. 아이들은 높은 책상은 올라가지 말고 낮은 책상만 올라가고 이불을 밟아 미끄러지지 않도록 높은 책상에는 이불을 올려 두지 않기로 했다. 천을 들고 책상 위, 의자 위는 올라가지 않기로도 했다. 그리고 책상 밑 공간을 사용하려면 책상 위는 비워두고 이불은 책상의 가장자리에 테이프나 빨래집게로 고정하여 어두운 공간을 만들어야 한다는 의견에 동의했다.

학급회의 이후 함께 찾아낸 안전하게 놀이하는 해결책으로 안전사고 없이 아이들이 좋아하는 놀이를 할 수 있었다. 책상과 의자를 붙여 자동차나 엘리베이터를 만들어 놓고 큰 책상을 뒤집어 배를 만들어 확장하여 놀이를 해도 안전사고는 일어나지 않았다. 다친 아이에게만 안전 수칙을 말하거나, 다쳤다고 그 놀이를 금지시키는 것 보다 아이들을 학급회의에 동참시켜 논의한 결과이므로 스스로 안전하게 책상과 의자를 사용하여 놀이하고 있다. 학급회의는 아이들이 주체가 되어 함께 문제 해결에 동참함으로써 주도성, 자율성, 책임감, 협력, 의사소통 능력, 문제 해결 능력까지 키울 수 있었다.

5주 어떻게 들을까?

[호기심 질문]
▶ 가족 중에 내 이야기를 잘 들어주는 사람은 누구인가요?

▶ 내 이야기를 안 들어주는 사람은 누구인가요?

▶ 내 이야기를 잘 들어주면 어떤 감정이 드나요?

▶ 내 이야기를 안 들어주면 어떤 감정이 드나요?

▶ 잘 들어준다는 것을 어떻게 알 수 있나요?

▶ 내 말을 안 들어준다는 것을 어떻게 알 수 있나요?

[경험 나눔]
그림책 : 『내 말 좀 들어주세요, 제발』

▶ 호기심 질문과 연결하여 이야기로 들어간다.

　　곰이 우리에게 할 말이 있나 봐요. 제발 잘 들어달래요.

▶ 그림책 내용 질문하기

— 곰은 왜 피곤하고 한숨도 쉬었을까요?

— 왜 다른 사람들은 곰의 말을 들어주지 못했을까요?

— 다른 사람들이 곰의 말을 들어주지 않을 때 곰은 어떤 감정
　이 들었을까요?

— 곰이 진짜 하고 싶은 말은 무엇인가요?

— 파리는 곰의 말을 어떻게 들어주었나요?

— 곰의 말을 파리가 들어주니 곰은 어떤 감정이 들었을까요?

[지혜 키움]

▶ 어떻게 들어야 할까?

— 듣기 자세 4단계를 전지에 써서 벽면에 부착한다.

　　1단계 : 말하는 사람을 바라본다.

　　2단계 : 말하는 동안 조용히 기다린다.

　　3단계 : 말하는 내용을 생각한다.

　　4단계 : 말하는 사람 마음도 느껴본다.

▶ 단계마다 몸짓 언어로 연습하여 기억할 수 있게 돕는다.

　　1단계 : 손가락을 둥글게 만들어 망원경을 만든다.

　　2단계 : 손을 무릎에 놓는다.

　　3단계 : 검지를 머리에 댄다.

　　4단계 : 가슴에 손을 엇갈려 모은다.

▶ 교사가 듣기 자세 4단계 하면 1단계부터 4단계까지 큰 소리로 읽어본다.

▶ 교사가 짧은 이야기를 들려준다. 교사의 이야기를 들으며 4단계를 실천한다.

— 1단계부터 4단계까지 단계마다 듣기 자세를 잘 실천했으면 두 엄지손가락을 위로, 보통이면 한 손 엄지손가락만 위로, 노력하는 중이라면 한 손 엄지손가락을 옆으로 표시한다.

(월요일에 주말 지낸 이야기를 할 때 한 명씩 발표하며 듣기 자세 4단계에 맞게 실천하고 스스로 엄지로 평가하면 교육 효과가 더 좋다.)

[행동 열기]

▶ 우리 반 '듣기 왕'을 찾아라!

— 아이들이 잘 대답할 수 있는 주제를 선정하고 이유를 말할 수 있도록 한다.

친구들 좋아하는 동물이 있나요? 그리고 좋아하는 이유는요?

(아이들의 답변 : 토끼요. 귀여워서 좋아해요.)

— 반 아이들의 발달 단계에 맞추어 첫 단계는 좋아하는 주제만 하고 단계를 높여 이유까지 연결해도 좋다.

나는 ○○ 동물을 좋아해! 왜냐하면 _____ 때문이야.

나는 ○○ 과일을 좋아해! 왜냐하면 _____ 때문이야.

나의 오늘 감정은 ○○○이야. 왜냐하면 _____ 때문이야.

1. 모두 일어나 돌아다니며 친구를 만나 가위, 바위, 보 한다.
2. 이긴 친구가 먼저 결정한 주제에 대해 이유와 함께 말한다. 진 친구도 반복한다.

3. 다른 친구 다섯 명을 만나서 서로 말하고 들은 후 제자리로 돌아온다.
4. 한 명씩 앞으로 나온다. 앞에 나온 친구가 말한 것을 맞추기 게임을 한다.
5. 가장 많이 기억하는 친구가 우리 반 듣기 왕이 된다.
6. 듣기 왕에게 "내 이야기를 기억해 줘서 고마워!"라고, 표현한다.

[아하! ~~알게 된 걸 축하해!]

▶ 오늘 무엇을 알게 되었어요? 무엇을 배웠나요?

   (잘 듣기를 배웠어요. 잘 들어주면 행복하다는 걸 알았어요.)

▶ 아이가 알게 된 것, 배운 것을 발표할 때 "아하! 알게 된 걸 축하해! / 아하! 배운 걸 축하해!"라고, 말하면서 친구들과 동그라미 박수로 축하해 준다.

6주 어떻게 말할까?

[호기심 질문]

▶ 친구와 싸움을 했을 때

— 친구와 싸워본 적 있는 친구 손들어 볼까요?

— 싸움할 때 어떤 감정이 들어요?

— 싸우고 화해한 적이 있나요?

— 화해할 때 어떤 감정이 들어요?

[경험 나눔]

그림책 : 『내가 말할 차례야』

▶ 호기심 질문과 연결하여 이야기로 들어간다.

그림책 속의 주인공도 친구와 싸워서 단단히 화가 났대요.

▶ 그림책 내용 질문하기

— 무슨 일로 싸웠나요?

— 어떻게 해결했나요?

[지혜 키움]

▶ '이렇게 대화해요'

전지에 '이렇게 대화해요'를 써서 벽면에 부착한다.

문제가 생겼을 때, 서로 다툼이 있을 때 사용하는 의사소통 기술인 '나·기·원'를 설명해 준다.

▶ 교사는 지원자 아이 한 명을 앞으로 나오게 해 역할극 시범을 보인다.

— A : 밀치고 싸우는 장면으로 설정하여 '네가'를 먼저 사용하여 말싸움한다.

— B : 싸운 후 토킹 스틱을 활용하여 '나는'으로 시작하는 '나기원'로 대화한다.

▶ '네가'로 시작하는 말을 들으니 어떤 생각과 감정이 들었

나요?

(아이들 답변 : 마음이 아프게 말했어요. 화가 난 거 같아요.)

'나는'으로 시작하는 말을 들으니 어떤 생각, 감정이 들었나요?

(아이들 답변 : 지혜롭게 말하는 것 같아요. 차분하게 말하는 것 같아요.)

▶ 여러 상황을 만들어 '나기원'를 말로 연습할 수 있도록 한다.
예) 나는 네가 밀어서 놀라고 화가 났어! 밀지 않고 말로 해주길 원해.

나는 _____

기분이 _____

_____ **원해.**

[행동 열기] – 짝 나눔 활동

▶ 토킹 스틱을 사용한다.

1. 둘씩 짝을 만든다.

2. 토킹 스틱은 가운데 둔다.

3. 전지에 써놓은 문장을 가지고 서로 '나기원'로 대화 연습을 한다.

4. 서로 세 번 정도 번갈아 가며 대화를 연습하도록 격려한다.

[아하! ~~알게 된 걸 축하해!]

▶ 오늘 무엇을 알게 되었어요? 무엇을 배웠나요?

(아이들 답변 : 토킹 스틱이요 / 감정을 표현해야 해요 / 번 갈아 가며 이야기해요 / 토킹 스틱으로 이야기하니 차분하 게 말할 수 있어요.)

▶ 아이가 알게 된 것, 배운 것을 발표할 때 "아하! 알게 된 걸 축하해! / 아하! 배운 걸 축하해!"라고, 말하면서 친구들과 동그라미 박수로 축하해 준다.

7주 우리는 문제 해결사!

[호기심 질문]

▶ 친구들아, 선생님에게 문제가 생겼어요. 아침에 교실에 들 어와서 핸드폰을 두고 온 것을 알게 되었죠. 핸드폰으로 할 일 많은데 어떻게 하지? 다시 가지러 가면 수업에 늦고⋯. 어떻게 하지? 갈팡질팡했어요.

▶ "친구들아, 지금 선생님의 문제를 어떻게 해결하면 좋을 까요?"

(아이들 대답 : 일은 컴퓨터로 해요 / 다른 선생님에게 빌 려요 / 가족에게 가져다 달라고 해요)

[경험 나눔]

— 그림책 :『사슴에게 문제가 생겼어요.』

▶ 호기심 질문과 연결하여 이야기로 들어간다.

  사슴에게도 문제가 생겼대요. 우리들이 해결하러 가볼까요?

▶ 그림책 내용 질문하기

— 사슴에겐 어떤 문제들이 있을까요?

— 하나였던 문제가 왜 수백만 가지의 문제가 되었나요?

— 사슴의 문제가 점점 작아진 이유는 무엇인가요?

— 사슴의 문제가 어떻게 사라졌나요?

— 친구들은 어떤 문제가 있나요? 해결하고 싶은 문제가 있
  나요?

[지혜 키움]

▶ 문제 해결 4단계

  전시에 문제 해결 4단계를 써서 벽면에 부착한다.

  문제가 생겼을 때, 서로 다툼이 있을 때 문제 해결 4단계를

  보면서 해결할 수 있다.

▶ 1. 문제를 차분하게 이야기한다.

  2. 문제로 어떤 감정이 드는지 이야기한다.

  3. 문제 해결을 함께 의논한다.

  4. 해결책을 고른다.

[행동 열기]

▶ 우리는 문제 해결사예요.

우리 반의 해결할 문제들을 찾아본다.

1. 문제를 차분하게 이야기한다.

2. 문제로 어떤 감정이 드는지 이야기한다.

3. 문제 해결을 함께 의논한다.

4. 해결책을 고른다.

[아하! ~~알게 된 걸 축하해!]

▶ 오늘 무엇을 알게 되었어요? 무엇을 배웠나요?

(아이들 대답 : 문제가 쉬워 보여요. / 함께 해결하니 좋아
요. / 해결사라서 뿌듯해요.)

▶ 아이가 알게 된 것, 배운 것을 발표할 때 "아하! 알게 된 걸
축하해! / 아하! 배운 걸 축하해!"라고 말하면서 친구들과
동그라미 박수로 축하해 준다.

(6) 다섯 번째 기술, 용기와 성장 마인드셋

학기 초에 자신의 작은 물통에 물을 담아야 할 때 실수로 물이
넘치고 바닥에 엎질러지는 일들이 많다. 엎질러질 때마다 교
사를 불러 해결해 달라고 하는 아이들이 많았고 실수로 꾸중을
들을까 얼어있는 아이들도 있었다. 교사는 이 문제를 해결하기

위해 브레인스토밍으로 아이들을 동참시켰다.

"아직 개인 물통에 물 따르는 방법을 배우지 않았네요." "어떻게 하면 물통에 물을 적당히 따를 수 있을까요?" "책상과 바닥에 엎질러진 물을 어떻게 할까요?" "내가 스스로 해결하지 못하면 어떻게 할까요?" 같은 일련의 질문을 통해 해결 방법을 아이들이 스스로 찾도록 격려했다. 그 뒤 아이들은 자신들이 찾은 방법대로 물통에 물을 따를 수 있도록 연습하였고 연습의 시간이 늘어날수록 능숙하게 따를 수 있게 되었다.

반 학기가 지난 후 서클 타임을 할 때 아이들이 이 경험을 어떻게 생각하고 어떤 의미로 받아들였는지 궁금해져 질문을 했다. "큰 물통에 있는 물을 자신의 물통에 스스로 따를 때 무엇을 배울 수 있을까요?" "실수했을 때 무엇을 배울 수 있을까요?" "문제를 함께 해결한다는 건 무엇이 좋을까요?" "연습하면 좋은 이유는 뭘까요?" "아직 해본 적이 없는 일이나 익숙하지 않은 일은 어떻게 하면 될까요?" 이 질문에 대한 아이들의 답변은 "처음엔 어디까지 따라야 할지 몰랐지만 따르다 보니 어디서 멈춰야 할지 알게 되었어요." "조금 넘칠 것 같으면 한 모금 먹으면 넘치지 않는다는 걸 알았어요." "물이 넘치면 책상 위의 물은 행주로 닦고 바닥은 걸레로 닦으면 돼요." "친구가 바닥에 물을 많이 쏟으면 같이 도와서 닦아요." "너무 많이 엎질러지면 선생님에게 도움을 청해요." "팔의 힘이 세졌어요." "연습하니 점점 쉬워지고 잘해져요." "학교에 가서도 스스로 할 수 있을 거예요." "이젠 동생도 도울 수 있고요."

나는 개인 물통에 물을 따르는 연습에 대한 경험을 다시 질문을 할 때만 해도 아이들이 다양한 배움을 이야기할 줄 예상하지 못했었다. 긍정훈육을 가르치는 이유가 여기 있구나! 싶어 감동한 순간이었다. 이 경험은 7세 아이들을 교육하면서 '왜 이것도 못하지. 7세가….'라는 생각이 훅 들어올 때 생각을 바로 '아직 배우지 않은 거야. 지금부터 가르치면 되지. 어떻게 도울까?'로 생각을 전환할 수 있는 믿음을 주었다.

8주 마법의 단어 '아직'

[호기심 질문]
▶ 1. "내가 잘하는 것, 자신 있는 것은 무엇인가요?"
   "내가 잘하고 자신 있는 것엔 어떤 감정이 드나요?"
   (첫 번째 질문은 자연스럽게 아이들의 생각을 듣는다.)
 2. "내가 잘 못하고 자신 없는 것은 무엇인가요?"
   "내가 잘 못하고 자신 없는 것엔 어떤 감정이 드나요?"
   (두 번째 아이들의 답변은 전지에 교사가 적어준다.)

[경험 나눔]

그림책 : 『넌 할 수 있어! 마법의 단어 아직』

▶ 호기심 질문과 연결하여 이야기로 들어간다.

　그림책 속에 자신 없는 한 아이가 있어요. 만나러 가볼까요?

▶ 그림책 내용 질문하기

― 아이는 무엇을 못해서 자신이 없었나요?

― 바람이는 아이에게 어떤 말로 용기를 주었나요?

― '아직'이라는 말은 어떤 힘이 있나요?

[지혜 키움]

▶ 마법의 단어 '아직'

▶ 전지에 써놓은 두 번째 질문의 답변을 마법의 단어 '아직'
　을 넣어 바꿔본다.

　두 번째 질문의 답변을 읽어 주고 어떤 감정. 생각이 드는
　지 물어본다.

　그런 감정과 생각이 드는 것이 '고정 생각' 이라고 알려준
　다. (전지에 쓴다.)

　아직을 넣어 바꾼 답변을 읽어 주고 어떤 감정, 생각이 드
　는지 물어본다.

　그런 감정과 생각이 드는 것이 '성장 생각'이라고 알려준
　다. (전지에 쓴다.)

[행동 열기]

▶ 성장 놀이

1. 성장의 단계를 알려준다.

1단계: 알→ 2단계: 병아리→ 3단계: 닭→ 4단계: 사람→
5단계: 신

— 알은 팔을 머리 위로 동그랗게 올려 "알, 알, 알" 말하며
걸어 다닌다.

— 병아리는 두 손을 입 쪽에 대고(새 부리 모양으로) "삐
약, 삐약" 말하며 걸어 다닌다.

— 닭은 오른손은 머리에 닭 볏처럼 올리고 왼손은 엉덩이
에 꼬리처럼 대고 "꼬꼬댁 꼬꼬" 말하며 걸어 다닌다.

— 사람은 팔을 움직이며 씩씩하게 걸어 다닌다.

— 신은 뒷짐을 지고 천천히 걸어 다닌다.

2. 시작 소리에 맞춰서 모든 친구가 1단계인 알이 되어 한 명
씩 만나 가위바위보를 한다. 같은 단계끼리만 가위바위보
할 수 있다.

(알과 알 / 병아리와 병아리 / 닭과 닭 / 사람과 사람 / 신
과 신)

3. 이기면 한 단계씩 성장하고 지면 무조건 알이 되어 다시 시
작한다.

4. 성장 놀이를 마친 후 질문을 통해 생각과 느낌을 표현하도
록 격려한다.

▶ 가위바위보에 져서 실패했다는 것은 시도하고 노력했다
  는 뜻이다.
— 나는 아직 5단계가 되지 못한 것뿐이에요.
— 많이 실패하고 많이 도전할수록 단계가 올라가요.
— 적극적으로 친구를 많이 만났을 때 5단계가 되었어요.

[아하! ~~알게 된 걸 축하해!]
▶ 오늘 무엇을 알게 되었어요? 무엇을 배웠나요?
  (아이들 대답 : 져도 신나요! / 도전은 재미있었어요! / 져
  도 계속하면 단계가 올라가요)
▶ 아이가 알게 된 것, 배운 것을 발표할 때 "아하! 알게 된 걸
  축하해! / 아하! 배운 걸 축하해!"라고, 말하면서 친구들과
  동그라미 박수로 축하해 준다.

학급긍정훈육법으로 바라본 느린 학습자 그리고 유·초 이음교육

긍정훈육은 교사와 부모에게 아이들을 긍정적으로 성장시키는 방법을 알리기 위해 개발되었다. 3장에서는 친절하면서도 단호한 훈육 방법을 소개한다. 다양한 영역에 도움이 필요한 느린 학습자들에게 어떻게 하면 학교생활에서 자신의 실수에 대해 위축되지 않고 주도적으로 행동하도록 하는지 제시한다. 작은 사회생활에서 어떻게 하면 잘 적응하고 자신의 강점을 표출하는지, 교사와 부모 그리고 친구들과의 의사소통 방법은 어떻게 해야 하는지에 대해 다양한 긍정훈육법의 사례로 풀어보았다.

(1) 느린 학습자에 대해 알아봐요.

"하고 싶지 않아요"
"친구들과 놀고 싶은데 먼저 말 꺼내기가 어려워요"
"어려운데 도와달라 말하기가 힘들어요"
"친구가 없어서 속상해요"

위의 대화는 느린 학습자들이 교실에서 느끼는 생각과 감정을 표현한 것이다.

경계선 지능이란 평균 지능과 지적장애 사이의 지능으로 정신장애의 진단 및 통계편람(DSM-Ⅴ)에 따르면 지능지수가 71-84의 범주에 해당한다. 이는 통계적으로 약 13%가 넘는 인구 분포가 이에 해당하며 코로나 이후 더 많은 수치가 해당하는 것으로 추정한다. 학급에서 약 3~4명에 해당하는 수가 경계선 지능인^{이하 느린 학습자}에 속한다. 그러나 느린 학습자는 단순 지능지수 수치^{인지능력}만이 아니라, 사회적 연계, 문제 해결, 상황표현 능력 등 다면평가를 통한 진단을 내리는 것이 더 적합하다.

느린 학습자들이 학교 현장에서 마주하는 어려움은 다음과 같다. 느린 학습자들은 유아·학령기 초기부터 또래 관계를 비롯한 의사소통 능력, 인지, 사회적 문제들과 마주하게 된다.[6] 제한된 인지능력으로 인해 성공적 학습 능력을 수행하는 데 어려움을 느낀다. 또한, 주의가 산만하여 정보 습득력 저하와 사회적으로 미성숙한 행동으로 또래 관계에 부정적 영향을 미친다. 이런 영향으로 교과 수업의 진도를 따라가기 어렵고 표현에 대한 자신감이 부족하다 보니 도움을 요청하기도 쉽지 않다. 타인의 감정을 인식하고 표현하는 것에도 어려움을 느껴 또래 관계 유능성에도 부정적인 영향을 미치는 등 느린 학습자마다 다양한 요인의 어려움을 학교 현장에서 경험한다.[7]

느린 학습자의 정서 발달에 영향을 미치는 요인들을 정리해 보면 다음과 같다.

1.생물학적 요인

또래에 비해 인지발달이 균등하지 않다 보니 정서에 미치는 영향이 크다. 즉각적인 욕구 충족, 기다리기가 어려운 느린 학습자들은 신체적, 인지적, 정서적으로 균형을 이루기가 어렵다.

2. 가족 요인

가족 내 양육 환경과 어릴 적 수용되는 환경 애착의 환경들이 느린 학습자에게 정서적 안정감에 영향을 미치기도 한다. 일반적이지 않지만, 느린 학습자의 불우한 가정환경이 높은 비율을 차지하기도 한다.

3. 문화적 요인

문화적 학습이 느린 학습자의 행동에도 영향을 미친다. 문화적 요인이 불안, 우울, 공격성에 영향을 미쳐 학습과 사회성 발달에 영향을 미치게 된다는 연구 결과도 있다.

4. 학교 환경 요인

느린 학습자에 대한 인식의 부족과 학습 정서 영역으로 어떻게 지원해야 하는지에 대해 부족한 정보, 그리고 지원 인력의 부족을 들 수 있다.

학령기 느린 학습자 자녀를 둔 학부모들이 고민하는 것, 제안하고 싶은 부분은 어떤 점들일까?

1. 느린 학습자에 대한 개념 부재 및 사회 인식 부족
2. 학교에서 환영받지 못하는 분위기
3. 사회성 부족으로 가족과 또래들과의 관계 형성 어려움
4. 학령기 이후 사회인으로서 삶에 대한 불안감
5. 감당하기 어려운 신체적, 정서적, 재정적 부담

학교 현장에서 교사들이 느린 학습자를 지도하면서 겪는 어려움은 다음과 같다.

1. 보편적인 학생에 초점을 맞추는 교실에서 느린 학습자를 감당하기 어려움

2. 특수교육 요구 아동인지 학습 부진 아동인지 구분이 어렵
   고 서로 책임을 미룸
3. 느린 학습자의 원인 파악 및 가정의 협조가 어려움
4. 고등학교에서 느린 학습자 개념이 통용되지 않거나 특정
   특성화고에 몰림
5. 억지로 방과후 학습 부진 지도를 하면서 학생들을 괴롭게
   하고 도움이 되지 못함

  이러한 어려움을 갖고 있는 느린 학습자들은 특수교육 대상
자가 아니라는 이유로 교육적 개입의 중요성이 그동안 간과되
어 왔다.

  우리나라 교육 현장에서는 2009년 이후 학생들의 기초학력
향상 지원을 위한 다양한 정책을 수립하여 운영해 왔으나 느린
학습자를 지원하기 위한 조사와 연구, 그리고 학교 현장에 맞는
수업 방법 프로그램 등의 개발은 아직도 미비한 실정이다. 느린
학습자 청소년이 생애주기별 지원 필요성 연구보고서에서도 영
유아기, 초등학생 시기에 정서·행동, 사회적, 학교 적응에 대해
학교와 가정의 지원이 필요하다고 제언했다.

영·유아기 느린 학습자의 특성

- ▶ 제한된 인지능력으로 학습을 수행하는데 속도가 느리다.
- ▶ 새로운 내용의 주제에 대한 이해력이 부족해 수업 집중이 어렵다.
- ▶ 수업에 참여하고 싶지만 이해력 부족으로 딴 곳으로 시선을 돌리는 경우가 잦다.
- ▶ 반응을 하지 않거나 관심 끌기로 일관된 행동을 보이기도 한다.
- ▶ 다른 친구들의 말을 이해하지 못하고 자신의 의견만 내세우는 행동을 보인다.
- ▶ 자신의 행동이나 감정을 조절하려고 노력하기보다 먼저 행동한다.
- ▶ 기다리기가 어려워 말보다 행동이 먼저 나가고 이로 인해 친구들 간에 소통이 어려워진다.
- ▶ 분쟁에 대한 자신의 상황을 잘 설명하기 어려워 대부분 가해자로 지목되는 경우가 잦다.

학령기 느린 학습자의 특성

- ▶ 단기기억은 좋은데 작업 기억에 어려움이 있다.
- ▶ 시험이나 교사의 질문에 제대로 이해를 하지 못하고 반응의 속도가 느리고 상황에 대한 인지능력 부족으로 친구들과의 대화에서 티키타카가 안 되는 상황이 자주 발생한다.
- ▶ 친구들과 의사소통에서 오해를 하는 경우가 많다.
- ▶ 상호 작용이 수월하게 안 되고 오해가 생기는 경우가 잦아지다 보니 분노의 감정이 격렬한 행동으로까지 연결되기도 한다.
- ▶ 고학년으로 올라갈수록 격차가 심해져 친구 만들기가 어렵고 외롭다는 감정을 자주 느끼게 된다.
- ▶ 학교 가기를 거부하는 상황으로까지 발전한다.

(2) 느린 학습자와 이음교육, 학급긍정훈육법

학습자의 건강한 성장과 발달을 지원하기 위해 교육기관^{지역사}

회와학부모포함 간의 상호 존중과 협력으로 교육 과정을 연계하여 설계하고 실천하는 교육을 유·초 이음교육이라 정의하고 있다. 이는 속도 조절과 주변의 지지 자원이 더욱 필요한 느린 학습자에게 특히 환영받을 만한 정책이다. 유·초 이음교육이 지향하는 상호 존중과 협력의 교육은 PDC가 추구하는 교육 철학과 일맥상통한다. 영유아기의 인지발달, 자기 조절, 사회정서적 역량은 이후 아동기와 청소년기의 학업 성취도 및 성인기의 삶의 질에 지속해서 영향을 미치는 기초가 된다고 강조하는 이음교육은, 상호 존중과 협력을 바탕으로 하는 PDC와 일치하는 측면을 지닌다. 이러한 이음교육의 철학과 PDC의 기본 방향은 느린 학습자에게 어떤 긍정적인 영향과 변화를 불러올 수 있을까?

먼저, PDC의 기본이 되는 다섯 가지 기준은 다음과 같다.

— 아이를 존중하는가?

— 아이가 소속감^{유대감}과 자존감^{공헌}을 느끼도록 돕는가?

— 장기적으로 효과가 있는가?

— 인격 형성에 필요한 주요 사회적 기술이나 삶의 기술을 제공하는가?

— 자기 능력과 힘을 건설적으로 사용하는 것을 아이가 자각하도록 돕는가?

PDC는 전통적인 훈육 방식과는 달리 다음과 같은 요소들이 필요하다고 주장한다. 상호 존중, 행동 뒤에 숨은 믿음 이해하기, 효율적인 의사소통, 아이의 세계 이해하기, 처벌보다 해결책에 집중하기, 그리고 격려와 칭찬이 그것이다. 이러한 내용들은 느린 학습자의 생애 주기 연구에서 강조되는 정서적·행동적, 사회적, 학교 적응의 요소와도 밀접하게 연결되어 있다.

유·초 이음교육의 운영 방향을 들여다보면 아동의 개인차와 아동 개인마다 다른 학습 방식에 대한 이해와 공유를 중요하게 생각한다. 이 내용은 느린 학습자의 다름과 이해에 대한 맥락이 같다. 또한, 상호 의사소통, 협력, 상호 의사 존중을 기반으로 하는 교직원, 관리자, 학부모, 지역사회 간 협력은 상호 존중, 배려, 소속감을 기본으로 하는 PDC의 철학과 맥락을 같이 한다. 유·초등 저학년 느린 학습자들에게 가장 필요하고 요구되는 기술은 사회적 기술, 삶의 기술이다. 느린 학습자들이 소속감을 느끼고 자기 효능감을 느끼게 되면 사회 구성원으로서 당당하게 자리매김하게 될 것이다. 이는 이음교육에서 말하는 생애 전환기 교육의 중요성과도 연결된다.

유·초 이음교육은 학교에 적응하는 시간이 더 필요한 느린 학습자에게 심리적 안정감을 느끼게 하는 데 더욱 큰 도움을 준다. 누리 과정을 넘어서 이음교육으로 연결되는 정책은 좀 더 체계적이고 구체적인 가이드라인을 제시하여 교사나 아이, 학부모들에게 좀 더 명확한 도움을 줄 수 있다. PDC의 여러 방법은 이음교육에서 제안하는 가정과 연계하는 가정학습, 환경 만들기에 확실한 방향키를 잡는 데 도움이 된다. 이음교육으로 나아가는 대한민국의 교육 방향 전환기에 PDC는 다른 대상은 물론이고 느린 학습자들에게 각자의 다름을 이해하고 속도를 맞추어 가는 데 가장 적절한 방향키가 될 것이다. PDC 활동들로 유·초등 느린 학습자들이 성장하고 변화한 내용에 대해 함께 나누고자 한다.

(3) 학교 현장에서 만나는 느린 학습자의 속도에 맞추는 PDC

1. 나를 있는 그대로 표현해요.

"저는 시간이 더 필요해요"
"다시 설명해 주세요"

초등학교 1학년인 윤경희(가명)의 첫인상은 '해맑다'였다. 문을 열면서 배시시 웃는 경희의 미소를 아직도 잊지 못한다. 매주 1회 만나는 경희와 일주일 동안 있었던 이야기로 시작한다. "선생님 이것 좀 보세요.", "친구들이 만들어줬어요.", "선생님이 도와줬어요." 매주 수업 시간에 만든 결과물을 가져와 교사에게 자신 있게 내미는 경희는 인정받고 싶은 욕구가 큰 학생이었다. 그런 욕구에 비해 수업에 대한 이해도와 만드는 속도는 느려 늘 타인의 도움을 받아 결과물을 완성해 갖고 오는 걸 알 수 있었다.

느린 학습자에게 필요한 것 중 하나가 바로 자신이 쌓아가는 긍정 경험의 작은 성취이다. 작은 성공 경험을 쌓기 위해 필요한 환경적 요인이 무엇일까? 바로 외부의 지지 자원을 잘 활용하되 스스로 만들어 가는 직접적 경험이다. 경희와 10회기를 만나면서 가장 처음 변화 포인트를 준 것이 자신의 상황에 대해 구체적으로 설명하게 하는 것이었다. 또한 설명 과정을 통해 자신이 느끼는 감정과 그와 연결된 생각이 무엇인지 알아차리게 하는 것이었다.

PDC 실천하기   배움의 기회로서 실수를 바라보기

1. 교사: 경희가 교실에서 실수를 하면 어떤 소리를 들었는지 기억하니?

   학생: 어렵니? 다시 해볼까?

2. 교사: 그 소리를 듣고 경희는 어떤 결심을 했니?

   학생: 저는 음... 어렵겠다. 힘들겠다... 무섭다, 라는 생각을 제일 먼저 했어요.

3. 교사: 그다음 더 생각을 한 것이 있니?

학생: 음...하고 싶은데 어떻게 하지?

4. 교사: 만약 누군가에게 도움을 요청하고 싶을 땐 어떻게 표현하는지 떠올려 볼까?

학생: 도와주세요?? 어려워요? 라고 할까요?

5. 교사: 그것도 좋은데 스스로 해 보고 싶은 마음이 더 크다면 어떻게 표현하면 좋을까?

학생: 다시 알려주세요?

6. 교사: 그래, 그것도 좋다. 그리고 하나 더 선생님이 알려줘도 되겠니?

학생: 네.

7. 교사: 저는 시간이 더 필요해요! 라고 말해 보자. 경희가 스스로 끝까지 마무리 할 수 있도록 경희가 필요한 것을 구체적으로 표현하는 용기도 필요하단다.

학생: 네! 해 볼게요.

일주일 뒤 만남 경희는 전에는 사용하지 않던 "생각할 시간이 더 필요해요! 다시 알려 주세요."라는 문장을 사용하며 스스로 시간이 걸려도 끝까지 결과물을 만들어 내는 경험을 하기 시작했다.

물론 단기간에 생기는 변화는 아니었다. 경희는 느린 학습자의 특성 중 타인과의 관계에서 불편감을 느끼는 상황을 싫어한다. 타인과의 애착에 의존성이 강하다 보니 조금이라도 불편하거나 어렵다 느끼면 눈물을 먼저 보이고 "어려워요. 힘들어요."를 반복적으로 말하는 습관이 있던 학생이었다. 경희의 속도에 맞추어 의사소통 방법도 친절함이 필요했지만 경희가 이해할 수 있도록 속도를 조절하는 것에도 신경을 기울여야 했다. 교사의 욕구보다 아이의 욕구에 맞추어 의사소통하는 것, 실수를 통해 성장하고 있다고 알아차리게 하는 것, 자기 조절과 실수를 학습의 기회로 보는 즐거움. 이것이 바로 PDC가 전달하고자 하는 중요한 내용이다.

느린 학습자들에게 긍정 경험이 더 필요한 상황이 PDC와 잘 맞는 이유는 바로 실수에 대해 위축되지 않고 긍정적 자기표현을 하게 하는 과정이다. 그 과정을 통해 스스로 알아차리고 그 알아차림의 반복을 통해 일상의 작은 성공 경험을 쌓아간다면 자기 효능감과 자존감 향상으로 교실에서도 주도적인 모습으로 생활하게 된다. 주도적인 모습의 변화는 소속감으로 연결된다.

PDC에서 강조하는 실수에 대해 대처하는 방법에 대해 정리하면 다음과 같다.

[배움의 기회로서 실수를 바라보기]
1. 실수했을 때 아이가 알아차린 생각과 감정에 대해 나누기
2. 그 상황에서 어떤 결심을 하게 되었는지 묻기
3. 그 결심 이후에 했던 행동에 대해 나누기

4. 아이가 생각하는 실수에 대해 나누기
5. 실수하는 과정을 통해 아이가 격려받은 경험이 있는지 있다면 그 과정을 통해 아이는 거기서 무엇을 배웠는지 나누기
6. 이 과정 경험을 통해 아이가 지속해서 실천하고 있는지 확인하고 그 실천으로 인해 달라진 변화에 대해 지속해서 묻기(습관을 강화하기)

2. 나와 친구의 감정을 알아요

"제가 느끼는 감정이 무엇인지 모르겠어요."
"이럴 때 감정은 뭐라고 표현하나요?"

교실 속 느린 학습자들의 욕구 중 하나가 또래 관계이다. 친구들과 잘 지내고 싶고 신나게 놀고 싶고 또래의 무리 속 소속감을 느끼고 싶어 한다. 하지만 현실은 녹록지 않다. 느린 학습자 대상 논문 프로그램을 준비하고 설문조사를 할 당시 몇몇 느린 학습자들은 문항 속 친구들과의 관계에 관해 물음에 대답하기 자체를 거부한 사례도 있다. 그 정도로 교실에서 또래 관계에 대한 부정 경험과 스트레스가 많은 것이 현실이다.

느린 학습자들이 학교 교실에서 소속감을 느끼고 또래 관계 유능성을 올리기 위해 선행되어야 하는 부분은 바로 자신의 감정을 알아차리는 과정이다. 그 이후에는 타인의 감정을 이해하

고 수용하는 과정에 대한 학습이 필요하다. 공감 능력은 유전적 요인이 강하지만 사회문화적 학습으로 조절, 통제, 발달이 가능하다. 후천적 요인으로 변화하게 하려면 필요한 것은 외부 지지 자원들의 적극적인 개입이다. 느린 학습자들에겐 교사, 부모가 훌륭한 환경적 요인이 된다. 지지 자원의 감정에 대한 모델링이 느린 학습자를 변화하게 하는 데 긍정적 영향을 미친다. 또한, 반복적 훈련으로 공감 능력을 키워 또래 관계 유능성과 자기 조절 능력을 향상해 줄 수 있음을 꼭 기억하자.

"저는 늘 행복해요!"
"늘 즐겁고 친구들이 저를 좋아해요"

느린 학습자인 민식이는 ADHD 약을 복용하는 중이었다. ADHD 약 영향으로 늘 힘이 없고 밥맛이 없어 많이 먹지 못한다고 말힌다. 감성 카드를 펼치고 일주일 동안 민식이가 느낀 감정들을 찾아보니 민식이가 뽑은 감정 카드는 '행복함' 하나였다. 다음 주에도 민식이는 '행복함'이었다. 2주 연속으로 행복함을 뽑는 민식이는 교사에게 "선생님 저는 늘 행복해요! 슬픈 적이 없어요."라고 말했다. 담임선생님과 방과후 돌봄 선생님께 민식이의 상황에 대해 듣고 제일 먼저 계획한 것은 자신의 감정에 이름 붙이기였다.

느린 학습자들이 학교 교실에서 또래 관계가 어려운 요인 중

하나가 바로 감정에 대한 이해와 표현 부족인데 민식이는 스스로가 늘 행복하다고 생각하며 친구들의 감정도 그럴 거로 생각하고 있었다. 그러다 보니 친구의 서운함, 속상함, 불편함 등의 감정에 대해 알아차리지 못한다. 오로지 자신의 기준으로만 친구들의 감정을 인식하고 이해하고 있었다. 그런 탓에 친구들과의 사이에 종종 오해가 생기고 관계에 힘든 경험을 하고 있었다. 자신의 감정에 대해 올바르게 인식하고 모든 감정은 옳다는 경험을 반복적인 격려와 지지로 알아차리게 해 주었다. 그리고 감정을 수용하되 그것과 연결되는 행동에는 어떤 조절을 해야 하는지 기나긴 시간으로 함께 했다. 자신의 감정을 인식하기 시작한 이후 분노와 짜증을 더 표현하고 그런 부정적 감정까지 교사가 공감하고 수용해 주었다. 점점 의사소통의 변화가 일어나기 시작했다. 자신이 원했던 상황에 대해 구체적으로 표현하고 친구들과의 관계에서 어려운 점에 대해 터놓고 도움을 요청하기도 했다.

PDC에서 강조하는 감정 수용하기, 친밀감 형성과 기여는 민식이의 일상을 변화시켰다. 민식이에게 학교생활의 즐거움 그리고 소속감을 느낄 수 있게 해 주었다.

1. 교사: 일주일 동안 학교에서 느낀 감정들을 뽑아 볼까?

   학생: 선생님, 이런 상황에 감정을 뭐라고 말해야 하는지 모르겠어요.

2. 교사: 좀 더 자세하게 상황을 설명해 보자. 선생님이랑 어떤 감정인지 같이 찾아보자

   학생: ○○○이랑 교실에서 같이 놀고 싶었는데 ○○○이는 다른 놀이를 하고 싶다며 다른 친구들이랑 놀았어요.

3. 교사: 아 그런 일이 있었구나! 그때 민식이 마음속에는 어떤 생각이 떠올랐을까?

   학생: 나랑 놀지, 나도 그 놀이 할 수 있는데 왜 나랑 놀지 않을까? 하는 생각이 들었어요.

4. 교사: 그래, 민식이가 원하는 게 있는데 상대방이 그걸 들어주지 않았을 때 느끼는 감정을 우리는 '서운함'이라고 말해. 감정에는 다양한 이름이 붙여지는데 오늘 민식이는 서운해, 라는 감정을 배웠네!

   학생: 아…. 서운해, 그럼 속상해는요?

5. 교사: 어!! 속상해, 라는 그 감정도 비슷한 상황에 느낄 수 있는 감정이야. 그 감정 단어는 어디서 들었어?

   학생: ○○○이가 내가 갖고 놀던 놀잇감을 망가트려서 쳐다보니까 나보고 속상하게 만들어서 미안하다고 했어요.

6. 교사: 친구가 그렇게 말했을 때 민식이는 어떤 생각이 들었어?

   학생: 음…. 뭔가 구체적으로 말해주니 기분은 그리 나쁘지 않았고, 또 ○○○이가 다시 장난감을 만들어줘서 고맙기도 했어요.

7. 교사: ○○○이도 친구에게 사과하는 용기를 내었구나. 속상하다는 단어는 내가 좋아하는 장난감이 고장 났거나 망가졌을 때 화가 나는 감정처럼 마음이 편하지 않을 때 우리가 느끼는 감정표현이야.

3. 교사의 감정을 통해 아이의 그릇된 목적 알기

울음으로 자신의 의사소통을 표현하는 지연이는 같이 수업하는 다른 친구들이 울보라고 부를 정도로 조금만 힘들거나 어렵다고 느끼면 울음으로 모든 것을 표현한다. 지연이는 과도한 관심 끌기로 "나를 좀 바라봐 주세요"라는 사인을 늘 보내고 있었다. 그런 지연이를 바라보는 교사에게 어떤 감정이 올라오는지 알아차리기(긍정훈육)를 통해 상황을 해결할 수 있었다. 스스로 자신의 감정을 알아차리고 행동을 조절하는 PDC 실천 방법이 무엇인지 함께 알아보자.

PDC에서 감정을 알아차리고 표현하는 것을 중요하게 생각하는 것은 다음과 같은 이유 때문이다. 감정이 억압되거나 표현 방법을 모르게 되면 아이들은 분노와 짜증을 표현한다. 그리고 그런 상황이 반복되고 강화가 되다 보면 폭력성으로 나타나기도 한다. 이런 감정조절의 미숙함으로 실제 학교 현장에서 느린 학습자들이 거칠고 폭력적이라는 선입견을 품게 된다. 감정조절의 미숙함은 또래 관계에 영향을 미치기도 한다. 학생들이 스스로 자신의 감정을 알아차리는 것도 중요하지만 선행되어야 하는 것은 교사의 감정 알아차리기이다. 교사가 갖게 되는 감정에서 단서를 찾는 이유는 교사가 아이들에 대해 잘못된 믿음을 갖게 되면 아이들을 긍정적으로 훈육할 수 없기 때문이다.

▶ 아이들과의 대화 상황에서 교사가 귀찮음, 성가심, 짜증남, 죄책감을 느끼고 있다면 아이의 그릇된 목적은 '과도한 관심 끌기'일 가능성이 높다. "선생님이 나만 바라봐 주고 나만 도와줄 때만 소속감을 느껴요"

▶ 아이의 행동이 교사 스스로가 느끼기에 너무 감당이 안 돼서 불안함과 패배감의 감정과 마주한다면 학생의 그릇된 목적은 '힘의 오용'일 가능성이 높다. "내가 친구 중 우두머리야, 그 누구도 내 위에 있을 수 없어."

▶ 교사가 상처받았거나 싫증(분노의 정서로도 표출됨), 실망스러움을 느끼고 있다면 아이의 그릇된 목적은 '앙갚음하기'일 수 있다. "내가 상처받고 힘들어서 다른 친구들에게도 상처를 주고 앙갚음할 거야."

▶ 교사가 좌절하여 결핍, 무기력함, 우울감을 느낀다면 아이의 그릇된 목적은 '무능력함 가장하기'입니다. "난 할 줄 아는 게 하나도 없어. 그 무엇도 제대로 할 줄 몰라. 아, 안 하고 포기할래. 혼자 있고 싶어."

저자는 서양화 전공과 심리학전공으로 학교 현장에서 PDC와 미술을 접목한 수업을 진행했다. 여러 명과 함께 내 몸에 대해 그려보는 미술 시간에 다른 친구를 도와주고 있는 순간을 한시도 기다리지 못하는 예진이는 교사의 주목을 받고 싶어 했다. 늘 다른 친구의 그림에 대해 놀리고 산만한 모습을 보였다. 교사의 주목을 끌기 위해 자주 화장실을 다녀오고 자신을 봐달라고 사인을 보내고 있었다. 다른 친구들과 함께 수업에 잘 참여하려면 어떻게 반응해야 모두가 즐거운 시간이 될까?

PDC 실천하기 감정이 문제 해결의 단서다

1. 학생: 선생님, 저 화장실 가고 싶어요.

   교사: 예진아 두 번이나 화장실 다녀왔는데 지금도 화장실이 가고 싶어?

2. 학생: 네, 또 화장실 가고 싶어요.

   교사: 혹시 몸이 안 좋은 거니? 아니면 다른 도움이 필요할까?

학생: 아니요, 그냥 화장실이 가고 싶어요.

교사: 화장실에 가서 혹시 하고 싶은 것이 있니?

학생: 네. 손도 씻고 거울도 보고….

3. 교사: 그렇구나! 이번에 화장실 다녀오고 이번 시간 끝나기 전까지는 예진이가 해야 하는 일에 집중해 볼까?

학생: 네, 그럴게요.

학생: (잠시 후) 선생님, 또 화장실 갈래요

교사: (교사는 자신의 감정 속 올라오는 생각과 욕구를 어긋난 목적과 연결한다….)

예진아, 우리 아까 선생님과의 약속이 무엇이었는지 기억나니?

학생: 네, 제가 할 일 집중하기요

교사: 그래, 잘 기억하네. 예진이가 해야 하는 일은 무엇이지?

학생: 그림 그리기요

교사: 그렇지, 집중해서 해볼까?

학생: 근데 화장실 가고 싶어요.

교사: 그래, 지금은 그림을 그리는 시간이야 화장실은 이 시간이 끝나면 갈 수 있어.

4. 우리의 규칙, 약속을 함께 정해요. (동의와 가이드라인)

"선생님 ○○이가 자기 맘대로 해요."

"저는 이게 더 좋아요. 그건 하고 싶지 않아요."

"○○이가 약속을 지키지 않아요"

느린 학습자와 함께하는 시간에 자주 등장하는 대화 내용이다. PDC가 학교생활에서 빛을 발하는 순간은 바로 상호 존중, 사회적 책임 갖기를 경험하는 순간이라고 생각한다. 느린 학습자들과 수업을 진행하며 자주 체크하고 의식적으로 알아차리게 한 활동이다.

느린 학습자들의 감정을 들여다본 다음 할 수 있는 두 번째 활동이 동의와 가이드라인 활동이다. 동의와 가이드라인 활동은 느린 학습자의 모든 감정은 수용하되 행동으로 연결되는 것에 제한을 두는 좋은 안전장치이기 때문이다. 자기 말에 책임을 지고 소속감을 올리게 해 주는 동의와 가이드라인 활동은 느린 학습자에게도 학교생활에 적응하게 하는 데 결정적 영향을 줄 수 있다.

자신의 의견이 수용되고 상호 존중되는 경험을 한 느린 학습자는 일상생활과 교실에서 어떤 반응을 보일까?

'○○○아 우리 약속을 다시 확인해 봐'

'그건 우리가 정한 규칙이 아니잖아'
'선생님, 이 부분은 좀 바꾸고 싶어요'
'해보니 이건 좀 어려운 것 같아요'

동의와 가이드라인 활동을 마무리하며 다음과 같은 사항을 재차 확인시켜 주었다.

— 언제든 수정 보완 가능성을 알기
— 해결 방법에 초점 맞추기
— 각자의 바람에 대한 의견 존중하기
— 서로가 다름을 이해하고 수용하기
— '동의'에 대해 잘 알고 있는지 다시 확인하기
— 부정의 단어가 아닌 긍정의 단어로 바꾸어 적기

처음부터 잘 지켜주지는 않았다. 그런 과정을 통해 우리는 달라지고 성장하고 있음을 알려주었다. 결과가 아닌 과정을 가치 있게 여기는 생각의 변화는 느린 학습자에게 필요한 작은 성공 경험 쌓기와 긍정 정서 경험하기로 연결된다. 또한 PDC의 실수를 통해 성장한다는 것과 연결되기도 한다.

5. 강점을 알고 성장하기(강점 vs 약점)

"와~ 지 이것도 이제 힐 수 있어요."

"저는 이제 이 정도는 쉽게 해요."

"보세요. 저 진짜 잘하고 있죠?"

다양한 활동을 통해 알아차리고 조절하는 과정을 경험한 느린 학습자 아이들은 어느 순간부터 자신의 정서와 생각에 대해 자신 있게 표현하기 시작했다. "도와주세요!" "못해요." "어려워요."라는 말을 달고 살았던 우리 아이들의 모습에서 이제는 선생님, 제가 ○○○이 도와줄까요? 라는 긍정적 변화로 교사에게도 뿌듯함을 선사해 주었다. 소속감을 올리기 위해 각자의 역할을 정하고 교실에서 공헌을 격려하는 활동들이 느린 학습자들에게 자신의 성취감과 주도적인 실천으로 소속감을 올리게 하는 데 도움이 되었다. 그동안 실패 경험, 부정 정서와 만나는 경험이 많은 느린 학습자들은 자신의 의견에 귀 기울여 주는 교사를 신뢰하게 된다. 또한, 경청을 통해 느린 학습자는 자기의 욕구가 무엇인지 제대로 알아차리게 된다. 해결책에 집중하고 서로의 의견을 내고, 틀림이 아닌 다름을 인식하는 과정을 통해 느린 학습자들은 한 단계씩 성장하고 부정 정서에서 긍정 정서로 변화하게 된다.

이 과정에서 느린 학습자가 스스로 자신도 잘할 수 있다고 느끼게 해 준 촉발 요인은 무엇이었을까? 바로 자신의 강점 알기다. 사람은 모두 강점이 있다. 하지만 자신의 강점을 알고 생활하는 사람과 자신의 강점을 모른 채 살아가는 사람의 행동과 결과에는 크게 차이가 난다. 느린 학습자들과의 수업에서는 자신의 강점을 어떻게 찾고 그것을 학교생활에서 어떻게 적용하였는지에 대해 소개한다.

교실에서 만나는 아이들은 다양한 자신만의 탑 카드가 있다. 다양한 탑 카드가 있기에 우리의 교실은 평화를 유지할 수 있고 잘 돌아가고 있음을 학생들과 꼭 나누자. 다양성을 인정하고 서로에 대한 존중을 기본으로 이 과정이 진행됨을 설명하고 진행하도록 한다. 일주일에 한 번 만나는 느린 학습자 5명은 교사를 만나자마자 자신의 이야기를 들어달라고 말하기 바빴다. 그림 그리기를 좋아하는 아이, 언제나 노래와 춤을 보여주기를 좋아하는 아이, 오늘 무슨 일이 있었는지 가장 먼저 들어달라는 아이, 교실에서 속상했던 이야기를 꼭 들어달라는 아이 등등으로 프로그램을 진행하기도 전에 교실은 이미 북적북적 댄다. 자신의 강점을 알아차리는 것도 중요하지만 친구의 상섬은 무엇인지 탐색하는 것도 중요하다고 강조하자. 그러기 위해선 나와 다른 친구에 대한 관찰이 중요함을 알려준다. 관찰을 잘하기 위해서 필요한 것은 무엇일까?
— 경청하기
— 존중하기
— 다름을 인정하기
위 세 가지에 대해 학생들과 나눈 뒤 탑 카드 활동을 한다. 답

카드에 대한 설명은 다음을 참고하자.

[자신의 탑 카드 확인하기]

▶ 우월성(사자)

사자 카드의 특징은 자신이 다른 사람보다 뛰어나고 싶다는 생각이 강하다. 생각 아래의 신념은 잘하고 싶은 생각과 자신이 결정한 일이 옳아야 한다는 신념을 갖고 있다. 잘되는 것이 중요하지만 그 이면에는 잘못된 것을 참기 어려워한다는 것이 더 정확하다. 사자가 갖는 생각은 다음과 같다. "내가 의미 있는 일을 할 때 소속감을 확실하게 느껴." "내가 중요한 일을 하지 않을 때 나는 이 일을 하는 의미를 잃어." "내가 결정한 일에 대해 다른 사람들이 동의해 줄 때 나는 소속감을 느껴."

▷ 사자 탑 카드 강점으로 연결하기

사자 탑 카드의 강점은 자신이 원하는 목표, 상황으로 만들기 위해 탁월함을 보여준다. 스스로가 갖고 있는 뛰어난 문제 해결력이 우선순위이기에 다른 탑 카드보다 문제 해결력이 뛰어나다. 교실 현장에서 탑 카드를 갖고 있는 아이는 다른 친구에 비해 상황을 바라보는 시야가 넓기에 다른 사람들이 보지 못하는 문제의 초점 인식 능력을 갖추고 있다. 무엇보다 사람 중심이 아닌 문제 해결이 초점이기에 더 냉정하고 객관적으로 상황을 바라보는 강점이 있다.

▶ 통제 (독수리)

독수리 카드의 특징은 자신을 둘러싼 환경과 자신을 통제해야 안정감을 느낀다. 자신이 상황과 자신을 통제하지 못한다고 느낄 때 불안함을 느끼며 제대로 자신의 역량을 발휘하지 못할 거라는 불안감을 갖게 된다. 독수리는 세상이 안전하다고 느낄 때까지 자신과 환경을 통제하고 자신의 정해진 틀에 모든 것이 잘 들어올 때 잘 작동하고 있다고 느낀다. 독수리 카드는 타인의 비난이나 평가를 피하고자 방어기제를, 타인을 통제하는 것으로 사용하기도 한다. 스스로 통제할 수 있다는 비합리적 신념 때문이다. 그러기에 타인과의 불편한 상황이 종종 발생하기도 한다. 독수리의 생각은 다음과 같다. "나는 환경, 상황, 나 자신이 하는 일을 스스로 통제할 때 소속감을 느껴." "때로는 타인을 통제할 수 있다고 생각하기도 해." "나에게 타인이 지시하고 통제하는 것을 견디기 힘들어." "모든 통제 권한은 나에게 있어야 해."

▷ 독수리 탑 카드 강점으로 연결하기

조직, 단체를 이끄는 리더십, 인내력, 끈기, 미리 준비하는 계획성 등을 꼽을 수 있다. 이런 강점은 자신이나 타인에게 상황을 예측하고 준비하게 하는 자세를 갖추도록 하는 데 도움을 준다. 쉽게 포기하지 않기에 학생들에게는 이런 강점이 인내력과 끈기로 연결되어 결과물을 끝까지 잘 마무리할 수 있는 것이다.

▶ 기쁨, 만족감 (카멜레온)

카멜레온 카드의 특징은 다른 사람들을 기쁘게 하는 것에 즐거움을 느끼는 것이다. 다른 사람에게 즐거움을 선사하고 기쁨을 느끼게 하는 순간에 행복감을 느낀다. 자신이 그런 노력을 함에도 아무도 알아봐 주지 않을 때는 상처를 받는다. 다른 사람들에게 즐거움과 기쁨을 선사하는 것을 좋아하는 만큼 그것에 대한 인정과 감사의 인사를 받기를 바란다. 그렇지 않을 때 상처받고 부정적인 감정과 만나게 된다. 카멜레온이 갖는 생각은 다음과 같다. "다른 사람에게 기쁨을 주고 그런 상황에 감사함을 표현할 때 살아 있음을 느껴." "내가 노력한 만큼 그만큼의 표현을 받고 싶어."

▷ 카멜레온 탑 카드 강점으로 연결하기

관계 중심의 카멜레온의 긍정적 에너지는 다른 사람들에게 즐거움을 선사한다. 분위기를 즐겁게 만들기에 카멜레온이 있는 공간의 에너지가 다르게 느껴질 정도로 분위기 메이커 노릇을 한다. 존재 자체만으로도 매력 발산과 즐거움의 긍정 아이콘이기에 화사한 봄날을 맞이하는 느낌을 받는다.

▶ 편안함 (거북이)

거북이 카드의 특징은 편안함을 유지하는 것을 좋아한다는 것이다. 편안함을 유지하기 위해서 준비되지 않은 상황을 마주하는 것을 선호하지 않기도 한다. 변화가 빠른 요즘 시대는 준비되지 않은 상황을 마주할 가능성이 높은 환경인데 거북이 탑 카드는 이런 상황을 선호하지 않는다. 그러다 보니 성장 변화와는 다소 거리가 있다. 4가지 탑 카드 중 변화와 거리가 가장 멀기에 성장하는 데 다소 시간이 오래 걸리기도 한다. 그 이유는 스스로가 변화를 준비하기까지 심리적인 준비 기간과 실행하려는 준비 기간이 오래 걸리기 때문이다.

▷ 거북이 탑 카드 강점으로 연결하기

평화주의자이다. 관계 중심 탑 카드이면서 다른 사람들과의 분쟁, 불편한 상황을 만드는 것을 싫어하기에 다른 사람들에게 지지와 격려, 배려가 곧 강점이다. 강점이 학교와 일상생활에서 잘 작용하면 주변에 사람들이 많고 도움을 주는 말과 행동을 기본으로 장착하고 있기에 사람들에게 편안함을 느끼게 해 준다. 교실에 거북이 탑 카드가 많을수록 분위기는 안정적이고 조용함을 느낄 수 있다. 주변인들에게 도움을 주고자 하는 마음이 우선되기에 자신의 의견을 먼저 내기보다 경청, 존중이 강점으로 작용한다. 리더십으로 연결되면 포용의 리더십으로 나타난다.

1. 학생들에게 사자, 카멜레온, 독수리, 거북이의 사진을 보여준다.

   (동물 인형을 준비하는 것도 좋다.)

2. 4가지 동물 중 "우리 오늘 하루 한 가지 동물이 될 수 있다면 어떤 동물이 되고 싶나요?"라는 질문을 던진다.

3. 각자가 동물을 선택한 가장 큰 이유 3가지와 선택하지 않은 이유 3가지씩 적어보도록 한다(PDC 메뉴얼에서 제한하지 않는 3가지로 제한을 둔 이유는 느린 학습자에게 너무 많은 양을 적게 하면 낙담하는 예도 있기 때문이다, 더 적을 수 있는 학생은 더 적을 수 있도록 하자)

4. 동물별 작성한 내용을 발표하도록 한다.

(4) PDC로 함께 성장하는 교사

　교사에게 성취감과 뿌듯함, 그리고 함께 성장하고 있다는 것을 다시 한번 깨닫게 해 준 윤성장. 성장이를 만난 건 봄에서 여름으로 넘어가는 무렵이었다. 자기 의견을 먼저 말하지도 않고 교사가 묻는 말에 소리 없는 웃음으로만 답하던 모습을 보고 교사는 고민하기 시작했다. 성장이가 먼저 질문하고 좀 더 자신감 있게 자신을 드러내기 위해 어떤 지원이 필요할까? 빙고 게임으로 내가 좋아하는 것, 싫어하는 것, 그리고 하고 싶은 것에 관해 물어보는 게임을 진행했다.

처음엔 먼저 대답하지 못하더니 시간이 지날수록 성장이는 궁금함, 호기심으로 교사에 관해 묻고 자신에 대해서도 개방하기 시작했다. 교사가 "지난 일주일 동안 성장이가 가장 재밌게 한 활동은 무엇인가?"라는 질문에 성장은 "그림이요~ 여동생이랑 같이 그림을 그렸어요! 아니, 내가 동생 그림을 그려주었어요!"라고 갑자기 에너지가 가득 담긴 목소리와 상기된 표정으로 대답하기 시작했다. 이 순간을 포착하고 "동생이랑 그린 그림을 선생님에게도 보여줄 수 있어?"라고 물어보았다. 성장이는 발그레한 표정으로 "좋아요~"라고 말하고 그림을 바로 그려주었다. 성장이를 움직이게 만드는 힘, 그것은 바로 그림 그리기였다. 아직 손가락 힘이 약한 성장이에게 좀 더 굵은 선으로 나오는 재료로 바꾸어 주었더니 그림에 날개를 달기 시작했다. 그 이후 성장이와의 PDC 수업은 글로만 표현하는 것이 아닌 자신의 감정과 생각을 그림으로 표현하도록 수업 방법을 바꾸었고 성장이도 수업에 참여하는 태도와 결과가 달라지기 시작했다.

말하기나 글쓰기를 어려워하는 느린 학습자를 만난다면 접근 방법을 다르게 해보자.

성장이를 만날 때마다 교사는 다양한 재료와 기법을 더 고민하고 준비해 갔다. 그림으로 표현하는 PDC 시간이 기다려진다는 성장이에게 자신의 의견을 그림으로 먼저 표현하고 그것을 글로 바꾸어 보도록 한 접근 방식은 자신감을 심어주었고 스스로도 "제가 이제 먼저 말해 볼게요."라고 표현할 정도로 변화된 모습을 보여 주었다.

그리고 성장이의 그림으로 유아 초등 저학년용의 마음 일기 노트를 만들었다. 성장이의 강점으로 아이와 교사 모두 다양한 감정과 성취감을 맛보게 되었다. 자신이 직접 그린 마음 일기를 보며 성장이는 "이 마음 일기는 정말 소중하게 간직할게요."라며 초롱초롱한 눈빛으로 교사를 바라봐 주었다. PDC에서 강조하는 존중하기, 완벽함이 아닌, 개선을 위해 노력하기, 반영하며 듣기, 관심을 보여 주기는 느린 학습자의 마음을 움직이게 하였고 스스로 행동의 변화를 할 수 있도록 동기유발을 시켜 주었다. 가장 중요한 점은 PDC로 성장이는 자신의 의견을 표현하는 방법을 배우고 스스로를 격려하는 방법을 알게 되었다는 것이다.

4장

초등학교 1학년이 실천하는
학급긍정훈육 기반 유·초 이음교육

이 장에서는 유치원과 1학년이 교육 과정 안에서 어떻게 이음교육을 실천하는지 구체적인 실천 사례를 제시했다. 모든 활동은 단순히 일회성 행사로 끝나는 것이 아닌, 교육 과정 안에 녹아들어 앎이 삶으로 전이될 수 있도록 계획했다. 활동은 준비 활동, 이음 실천 활동, 활동 후 소감 나누기의 3단계 프레임을 유지하고 있다. 모든 활동은 'PDC 활동 편'의 내용들을 기본으로 하여 우리 학교·유치원 수준과 여건에 맞게 적절하게 변형하고 구성하여 실천했다. 유치원과 1학년이 함께 실천하는 구체적인 사례들 속에서 다양한 아이디어를 찾을 수 있을 것이다. 책에 소개된 실천 사례들을 통해 유치원과 1학년 아이들이 어떻게 WIN-WIN 할 수 있는지도 알 수 있을 것이다. 또한 유·초 이음의 시기에 PDC를 접하는 것이 아이들에게 얼마나 큰 행운을 가져다주는 것인지도 느낄 수 있을 것이다.

(1) 우린 모두 연결되어 있어요.

"교육의 질은 교사의 질을 넘을 수 없다."라는 말이 있듯이 교육 과정 운영에 있어 교사 교육 과정은 매우 중요하다. 국가 수준의 성취 기준에 따라 교과서가 제공되지만, 현장의 교사들이 교과서의 모든 내용을 제한된 시간 안에 다 해낼 수는 없다. 특히 2024년도에 1학년에게 2022 개정 교육 과정이 적용되면서 교육 과정과 교과서가 대대적으로 바뀌었고, 수많은 주제와 놀이 활동들이 제시되어 있다. 1학년 교사들은 "교과서에 나오는 이 모든 활동들을 다 해야 하나?"라는 생각이 들면서 어깨가 무거워지고 있다. 2022 개정 교육 과정의 가장 큰 특징은 한글 교육 시수가 늘고, 통합 교과 주제가 확 바뀌고 안전 교과목이 통합 교과에 들어가게 되었다는 것이다. 또한 아이들의 신체 활동을 강화하고자 1~2학년군 「즐거운 시간」 교과 내 실내외 놀이 및 신체 활동을 기존 80시간에서 144시간으로 증배 운영하기로 했다.

1학년 교육 과정의 정규 교과목은 국어, 수학, 바생, 슬생, 즐생, 창체다. 1학년 1학기 동안 배우게 될 교과서는 국어 가·나(국어 활동), 수학(수학 익힘책), 바생, 즐생, 슬생 통합 교과(학교, 사람들, 우리나라, 탐험)로 총 9권의 교과서를 배운다.

이러한 상황이다 보니 1학년 교사들은 주당 수업 시수 안에서 아이들에게 교과서 내용을 다 가르치기란 매우 어렵다는 것을 느끼고 있다. 이렇게 1학년 교육 과정 안에 있는 내용만 하기에도 바쁘고, 시수 채우기가 힘든데 어떻게 유·초 이음교육을 할 수 있겠는가? 라는 생각이 들기도 한다.

점점 1학년 입학생 중에는 사회정서적 발달 부분에서 어려움을 겪는 아이들이 늘고 있는 현실이다. 그리하여 교사들은 학기 초 적응기 이외에도 1년 내내 아이들의 학교 적응을 위해 생활지도를 해야 하는 형편이다. 이러한 상황이다 보니 실제 학습하는 시간보다 학습을 준비하는 시간이 더 많이 걸리기도 한다. 내 학급의 아이들을 돌보고 가르치기도 힘든데 유치원과 이음교육을 실천한다는 것은 새로운 업무가 추가된 것 같은 부담감으로 작용할 수 있다.

그럼에도 불구하고 유·초 이음교육은 유치원과 초등학교가 힘을 모아 실천하여야 한다. 유치원과 1학년 아이들에게 나타나는 긍정적인 효과가 매우 크기 때문이다.

교육 과정 재구성을 통해 주제를 재구성하면 교육 과정 시수를 마련할 수 있다. 교육 과정 재구성은 국가 수준의 성취 기준에도 도달할 수 있고, 많은 양의 교과서 진도를 끝내야 한다는 부담감도 떨칠 수 있다. 교과서에 나오는 많은 주제뿐만 아니라, 주제 재구성을 통해 아이들의 삶과 연계된 주제들을 통합하여 가르칠 수도 있다. 유·초 이음교육을 통해 1학년 동학년 교사들과 유치원 교사들이 마음의 문을 열고 서로 협력할 수 있으며, 교사 학습 공동체를 이루면서 서로의 교육 과정을 이해하게 된다.

(2) 긍정 훈육의 꽃, 학년 다모임! 1학년도 할 수 있어요.

1학년 아이들이 함께 모여 학년 다모임을 한다고 하면 대부분의 선생님이 놀라며 이런 반응이 돌아온다. "1학년 전체 학생들이 다모여 학년 다모임을 한다구요? 그게 어떻게 가능한가요? 거짓말 아닌가요? 믿을 수 없어요."

왜냐하면 대부분의 초등학교에서는 3~4학년 때부터 학생회 활동을 할 자격이 주어지기에 학급회의도 그 시기부터 시작된다. PDC에서는 "책임감, 존중, 능력을 기르는 성숙한 민주 시민을 기르는 것"을 교육의 최종 목표로 삼고 있다. 성숙한 민주 시민을 기르기 위한 가장 아름다운 방법은 문제가 무엇인지를 파악하고, 아이들이 직접 문제의 해결책을 찾아 민주적인 방법으로 해결하는 경험을 해보는 것이다.

PDC 학급회의는 교사와 학생들이 수평적인 관계에서 서로 비난하지 않고 문제를 해결하는 데 초점을 둔다. 학급회의를 통해 학생들은 민주주의의 원리와 사회정서기술을 배울 수 있다. PDC에서는 학급회의를 "긍정 훈육의 꽃"이라 부른다. PDC의

많은 활동은 학급회의라는 큰 집을 짓기 위한 기초를 쌓고 터를 닦는 활동들이다.

　PDC의 학급회의 형식을 바탕으로 우리 학교의 1학년 아이들은 3월 초부터 학급회의를 학년 다모임 형식으로 확장 변형하여 실천하고 있다. 2주에 한 번 정기적으로 3개 반 50명이 모여 1학년 다모임을 실시한다. 1학년 다모임에서는 학기 초 공동의 생활 약속 정하기, 현장 체험학습을 위한 동의와 가이드라인 정하기, 유·초 이음교육을 위한 계획 세우기 등 다양한 안건을 협의할 수 있다. 특히 유·초 이음교육 활동을 위한 계획을 세우고 약속을 정할 때 학년 다모임은 아이들과 교사들에게 매우 유용하게 작용했다. 50명의 1학년 아이들이 다 함께 모여 질서를 유지하며, 해결책을 찾기 위한 다모임을 실시한 경험은 교사와 아이들 모두에게 잊지 못할 기억으로 남아 있다.

　PDC를 기반으로 한 유·초 이음교육은 교사가 독단적으로 계획하여 운영하지 않는다. 교사와 아이들이 함께 머리를 맞대고, 서로 마주 보며 협의하는 과정을 매우 중요하게 생각한다.

　학년 다모임을 통해 "우리들에게 이음교육이 필요할까?"라는 안건 협의를 시작하였고 1학년 아이들 모두가 동의하여 이음교육을 해보고 싶다고 했다. 이후에 계속된 다모임에서는 이음교육의 구체적인 활동을 위한 사전 계획을 협의했다.

　자기 조절을 위한 협력 놀이를 할 때는 만 4, 5, 6세 모든 유치원 동생과 함께할 수 있는 협력 놀이 종목을 고르기 위해 다모임을 실시했다. 1학년 교과에 판 뒤집기 놀이가 나와 있었기에 협력 놀이를 해보면 어떨까? 라는 주제로 다모임을 실시했다.

다모임을 통해 의견을 나누고 역할극을 해본 결과 판 뒤집기는 동생들과 함께 협력하기에는 적절하지 않다는 결론이 났다. 다시 다모임을 해서 유치원과 1학년이 함께 협력할 수 있는 '협력공 옮기기' 놀이를 선택할 수 있었다. 다모임에서는 유치원 동생들과 함께 이음교육을 할 때 지켜야 할 약속도 정했다. 역할극을 통해 미리 이음교육 활동을 시뮬레이션 해 보면서 부족한 부분들을 채우고 더 준비할 기회도 가졌다. 1학년이지만 학년 다모임을 통해 학년의 중요한 문제를 함께 고민하고 해결해 가는 과정을 큰 어려움 없이 잘해 나갈 수 있었다. 그 과정이 밑바탕이 되어 유·초 이음교육도 서로에게 큰 추억으로 남을 수 있었다. 이제는 아이들이 먼저 "선생님, 우리 다모임 언제 해요? 오늘 다모임 하는 날인가요? 우와! 신난다." 이렇게 말한다.

1학년 긍정의 다모임 9단계 절차 – 40분 소요

❶ 다모임 대형 만들기
— 원이나 ㄷ자 형태로 만든다.

❷ 격려와 감사 나누기

— 감사했던 사람에게 감사를 표현한다.

— (예) 민지가 중간 놀이시간에 나랑 함께 놀아주어서 감사합니다. 담임 선생님께서 공부를 열심히 가르쳐 주셔서 감사합니다.

❸ 이전 회의 결정 사항 확인하기

— 지난 다모임에서 결정했던 사항이 무엇인지, 결정 사항이 문제 해결에 도움이 되었는지, 잘 지켜지고 있는지 확인한다.

❹ 안건 제안하기

— 학년 다모임에서 다루고 싶은 안건을 제안한다.

— 1학년이기에 한글 쓰기가 능숙하지 않아 다모임 자리 즉석에서 안건을 제안받는다.

❺ 안건 선택하기

— 아이들은 누구나 안건을 자유롭게 제안할 수 있고 그 안건들을 다 기록한다.

— 제안된 안건 중에서 학년 다모임에서 협의해야 할 안건인지와 학급에서 학급회의를 통해 해결해야 할 문제인지를 분류한다.

— 가장 시급하게 해결해야 할 학년 공동의 문제를 안건으로 선택한다.

— 안건 제안은 학생, 교사 누구나 제안할 수 있다.

⑥ 해결책 브레인스토밍하기

— 안건 해결을 위한 해결책을 브레인스토밍한다.

— 모두가 돌아가며 공평하게 해결책을 브레인스토밍할 수 있다.

— 토킹 스틱을 사용하면 좋고, 생각이 안 날 때는 패스라고 외친다.

⑦ 해결책 결정하기

— 3R 1H의 방법으로 해결책을 결정한다.

  (합리적인가?, 관련이 있는가?, 존중하는 방식인가?, 도움이 되는가?)

⑧ 해결책으로 역할극 해보기

— 함께 결정한 해결책으로 역할극을 해본다.

— 해결책에 따라 역할극은 생략할 수도 있다.

⑨ 감사 및 소감 나누기

— 다모임을 통해 배우게 된 것, 생각, 결심, 느낌을 나누는

시간을 갖는다.

— 모두에게 감사를 표현하고 마무리한다.

(3) 한글 모음자를 배우고
동생 반에 가서 가르쳐 주어요

2022 개정 교육 과정에서는 초 1~2학년 군의 국어 시간이 34시간 증배 운영된다. 유치원과 사교육에서 한글 교육을 하지 않더라도 학교에서 한글을 책임 교육하라는 교육부의 취지가 반영된 것이다. 유치원과 가정에서 미리 한글 교육을 받은 경험이 있는 아이들이 있는가 하면 한글 교육을 받은 적이 없는 아이들도 있어 개인마다 그 편차는 매우 크다.

3월 학교 적응기를 거치고 4월 본격적인 한글 수업에 들어가며 제일 처음 접한 한글은 모음자였다. 아, 야, 어, 여, 오, 요, 우, 유, 으, 이. 기본 모음자 10개를 교실에서 배운 후 유치원 동생들에게 가서 설명하며 가르치는 시간을 가졌다.

학습 효율성 피라미드에서는 학습 효과 중에서 가르치며 설명하기 방법의 기억률이 90%를 차지한다고 했다. PDC에서는 아이들이 즐겁고 기분 좋을 때 더 잘 배울 수 있다고 생각하여 아이들에게 기쁘고 행복하게 배움을 끌어낼 수 있는 배움의 4단계를 제시했다.

학급긍정훈육법의 배움의 4단계

1단계: You do it, They watch (교사가 하고, 아이들이 본다.)

2단계: You do it, They help (교사가 하고, 아이들이 돕는다.)

3단계: They do it, You help (아이들이 하고, 교사가 돕는다.)

4단계: They do it, You watch (아이들이 하고, 교사가 본다.)

국어 시간에 선생님과 함께 PDC 배움의 4단계에 따라 모음자 공부를 했다. 이후 유치원 만 4세 반으로 가서 꼬마 선생님이 되어 배움의 4단계에 따라 함께 가르치고 배우는 시간을 가졌다. 국어 시간에 한글 모음자 책을 미리 만들었고, 화이트보드를 칠판 삼아 모음자의 이름 읽기 연습, 순서에 맞게 쓰는 연습, 짝을 지어 서로 가르쳐주는 연습을 했다.

이러한 경험들은 1학년 아이들에게 한글을 놀이로 인식하여 한글을 즐겁게 배울 기회가 된다. 또한 유치원 동생들에게는 누리 과정과 연계하여 선배들과 의미 있는 놀이를 경험할 기회가 되기도 한다.

아이들은 유치원 동생 반(만 4세)에 가서 한글 모음자를 가르쳐 주고 온 소감을 다음과 같이 나누었다.

"동생이 나를 안아주어서 너무 좋았어요." "모음 글씨를 더 잘 기억하게 되었어요." "다음에 또 동생이랑 공부하고 싶어요."

한글 모음자 가르쳐 주기 – 40분 소요

[이음 열기 – 관계 맺기]

— 짝 만들어 마주 보고 자기 소개하기

(사전 유치원의 이름표를 받아 뽑기 표를 만들고 1학년 선배들이 동생들의 이름표를 뽑는다. 반의 상황에 따라 1:1 짝이 되기도 하고 2:1 짝이 되기도 한다.)

(선배가 먼저 내 이름은~~야. 너의 이름은 무엇이니? 라고 하며 서로 묻고 답한다.)

— 모음자의 제자 원리 이야기 들려주기

(1학년 선배가 동생들에게 한글 제자 원리가 담긴 이야기를 들려준다.)

(세종대왕님께서 자연과 사람의 모양을 본떠서 모음자를 만느셨어요. 하늘은 둥글어서 둥근 점 ●으로 표시했고, 땅은 평평해서 ━로, 사람은 서 있는 모양인 ㅣ로 표시했어요.)

[이음 펼치기 – 한글 모음 책을 활용하여 모음자 알려주기]

— 나비 모음자 책을 펼치고 아, 야, 어, 여, 오, 요, 우, 유, 으, 이 모음자 이름 알려주기

(미리 만들어 온 모음사 책을 펼치고 모음자 10개의 이

름을 설명하고 동생들은 듣는다.)

(동생들이 모음자 이름 말하고, 선배들은 듣는다.)

― 나비 모음자 책을 보고 모음 순서에 맞게 쓰는 방법 설명
하기

(모음을 쓰는 순서는 왼쪽에서 오른쪽으로, 위에서 아래
로 쓰면 돼요.)

(선배들이 시범을 먼저 보이고, 동생들은 본다.)

(동생들이 써보도록 하고, 선배들은 본다.)

[이음 맺기 – 생각, 느낌, 결심]

― 서로 배우게 된 것, 감사한 것 이야기 나누기

― 생각, 느낌, 결심 나누기

― "행복해져라." 다섯 번 외치고 마무리하기

(4) 만 5세 반 동생들을 초대해서 1학년 교실에서 함께 놀아요

PDC에서는 인간의 사고 체계는 크게 생각, 감정, 행동의 서클
이 반복되는 순환 구조로 이루어진다고 말한다. 좋은 생각을 하
면 좋은 감정이 생기고 행동도 좋은 행동으로 나온다. 좋은 행동
은 좋은 생각을 갖게 하고 좋은 생각은 좋은 감정을 갖게 한다.
아들러 심리학에 따르면 아이가 태어나서 3세~5세 정도가 되면

나와 다른 사람들, 그리고 세상에 대한 신념을 형성하게 된다고 한다. 이렇게 일찍 갖게 된 자신만의 신념은 평생의 삶에 영향을 미치고 좀처럼 쉽게 변하지 않는다. 특히 이 시기에 부정적 피드백을 많이 받고 자란 아이는 낙담하게 되고, 부정적 신념을 갖게 되어 세상을 살아갈 용기를 잃게 된다.

지나영 교수는 그의 책『본질 육아』(2022)에서 "감사를 배운 아이는 좌절을 이겨 낼 수 있다."라고 했다. 아이들에게 의도적으로 감사를 표현하게 하는 것은 긍정적 신념을 갖게 하는 데 매우 효과적이다. 감사를 표현하는 경험은 아이들이 갖고 있었던 부정적 신념의 회로를 긍정적 신념의 회로로 전환시켜 준다. 우리 학급에서는 매일 감사 발표로 하루를 마무리한다.

어느 날 유치원에서 에어바운스를 빌려주어 1학년이 에어바운스를 탈 기회가 생겼다. 그 날은 대부분의 아이들이 감사 발표에 "동생들이 에어바운스를 타게 해 주어 감사해요."라는 내용이었다. 동생들에게 감사의 마음을 표현하는 것은 통합 교과의 배움 주제 "고마운 사람을 초대해요."와도 연결이 되었다. "고마운 동생들을 초대해서 같이 놀이 하는 것을 어떻게 생각하니?"라고, 물으니 반 아이들 모두가 기꺼이 동의했다. PDC 교실에서는 교사 개인이 계획하는 활동이 아닌 아이들과 함께 이야기 나누고 아이들의 동의가 이루어지는 상호 존중의 교육 과정이 운영된다.

아이들을 교사가 지도하고 바꾸어야 할 대상으로 대하기보다

는 "우리 함께? 이렇게 해보면 어떨까?"라고 물으며, 아이들의
의견을 존중하고, 수업의 공동 진행자로 초대하는 것이다. 아이
들에게 주도권을 주고 선생님이 뒤로 빠져 있으니, 아이들은 동
생들과 함께 놀겠다고 다양한 놀잇감을 스스로 챙겨 왔다. 동생
들과 함께할 놀이 상황을 미리 반 친구들과 역할극을 해보며 놀
이 시 나타날 수 있는 어려움들을 미리 짐작할 수 있었다.

　이렇게 아이들이 스스로 계획하고 준비한 "고마운 사람을 초
대해요." 수업은 유치원, 1학년 아이들 모두에게 감사의 마음을
키우고 행복을 느낄 수 있는 귀한 시간이 되었다.

고마운 사람을 초대해요 – 40분 소요

[이음 열기 – 동생들에게 초등학교 교실 소개해 주기]

—　짝 만들고 인사하기

　　(아이고~ 0 사장, 이거 정말 반갑구만, 반가워요로 서로
　　인사한다.)

—　내 책상과 의자, 사물함 소개하기

　　(인사가 끝나면 동생을 내 의자에 앉히고, 선배는 옆에
　　서서 내 책상, 의자, 사물함을 소개해 준다.)

　　(유치원 동생들은 초등학교 책상과 의자에 앉아 보고 사
　　물함을 보면서 유치원과 다른 초등학교 교실을 탐험하
　　고, 학교에 대한 두려움을 떨칠 수 있다.)

— 1학년에서 배우는 교과서 소개하기

(1학년 1학기에 배우는 교과서를 한 권씩 소개한다. 상황에 따라서는 교과서 내용을 선배가 가르쳐 주기도 한다.)

[이음 펼치기 – 스테이션 놀이 활동]

— 원으로 만들기

(교실 중앙을 비워 원으로 만들어서 선배들이 바깥쪽에 앉는다. 동생들은 잠시 원 밖에서 대기한다.)

— 놀잇감 준비하기

(선배들은 미리 집에서 가지고 온 각자의 놀잇감들을 내 자리 앞에 준비해 놓는다.)

(동생들은 선배들이 앉은 자리 앞에 1명 또는 2명씩 앉는다.)

— 놀잇감으로 동생들과 함께 놀기

(시작 신호와 함께 동생들에게 자신이 가져온 놀잇감을 가지고 함께 논다.)

(3분에 한 번씩 신호음이 울리면 동생들은 한 칸 옆으로 이동한다.)

(선배들은 하나의 놀이를 여러 명의 동생에게 여러 번 반복에서 놀아주면서 점점 더 놀이 설명도 잘하고, 놀이를 변형하기도 한다.)

[이음 맺기 – 생각, 느낌, 결심]

— "다섯 글자 예쁜 말" 노래 불러 주기

(1학년 선배들이 모두 앞으로 나와 통합 교과 시간에 배웠던 다섯 글자 예쁜 말 노래를 동생들에게 불러준다.)

— 생각, 느낌, 결심 나누기

— 헤어짐을 위한 인사하기

(서로 인사를 하며 마무리한다. 안아주기도 하고 업어주기를 하는 아이들도 있다.)

(5) 만 5세 반과 1학년이 함께 배우는 실수와 실수로부터 회복하기

"선생님, 철수가 자기 물을 엎질렀어요. 선생님, 영희가 자기 우유를 흘렸어요. 영철이가 제 필통을 떨어뜨리고 미안하다고 사과를 안 해요."

매일 초등학교 1학년 교실에서 아이들이 선생님께 하는 말들이다. 아이들에게는 이러한 일들이 매우 중요하고 큰 사건이다. 물 엎지르기, 우유를 엎지르거나 친구의 필통을 떨어뜨리는 것 등은 1학년 아이들이 의도하지 않은 실수로 하는 행동들이다. 실수를 대하는 아이들의 자세는 너무 엄격하고 완벽하지 않은 상황을 도저히 이해하지 못한다. 실수하는 나 자신을 자책하기도 하고, 상대방을 비난하고 탓하는 모습도 많이 보인다. 실수를 한 후에 이를 해결하는 방법을 자세히 배운 적도 없다. PDC에서는 실수는 배움의 멋진 기회이며 아이가 성장하기 위해 당연한 과정이라고 생각한다. 인간은 누구나 불완전한 존재이기 때문에 실수한 자신을 자책하고, 남 탓하고, 인정하지 않고 도망가기보다는 "그럴 수 있어." "난 이 일을 통해 배운 게 있어."라고 말하며 불완전해질 용기를 갖는 것이 필요하다.

유치원 7세 반과 초등 1학년 한 학급이 함께 모여 실수에 대한 주제를 가지고 협력수업을 진행했다. 협력수업을 위해 사전에 7세 반 선생님과 함께 수업에 대한 흐름을 협의하고 각자 할 역할을 정했다.

유·초 협력수업은 초등학교 교실에서 진행되었다. 교실에 들어온 7세 반 아이들은 수업 시작 시점에는 상당히 경직된 모습을 보였다. 수업이 끝난 후 "왜 그렇게 얼어있었니?"라고 물으니 "나보다 키가 큰 사람들이 많이 있어서 떨리고 부서웠어요."라고 답했다. 이런 상황을 예상하여 조금이라도 아이들에게 안정감을 주기 위해 교실의 책상을 뒤로 밀어 두기도 했다. 선배와 짝이 되어 선배와 동생들이 함께 교실 바닥에 앉았다. 처음 경직되었던 아이들의 표정은 점점 편안함으로 풀리고 있었다. 2차시의 실수 수업이 끝나고 수업 소감에 관한 대화를 나누는 시간을 가졌다. 한 아이는 이렇게 말했다. "저는 친구들이 실수하는 것을 보면 화가 많이 나고 짜증이 났어요. 그 친구가 이해가 안 되었있는데 앞으로는 그러지 말아야겠다는 생각이 들었어요." 평소 수업 태도도 바르고 공부도 잘하면서 선생님 말씀을 잘 듣는 매우 모범적인 아이가 한 말이다.

지금까지 이 아이는 무엇이든지 완벽하게 잘 해내야 한다는 신념으로 학교생활을 하면서 실수를 절대 용납할 수 없다고 생각했다. 실수 수업을 통해 "실수해도 괜찮다."라는 생각을 가지게 되었고, 실수하는 친구를 보며 "그럴 수 있지."라는 마음으로 바라볼 수 있게 되었다.

7세 반의 한 아이는 정수기에서 물을 따르려다가 쏟아버렸다. 그 광경을 본 엄마가 달려와 그 물을 다 치우시고 나는 가만히 아무것도 하지 않았던 것이 미안했다고 말한다. 앞으로는 엄마와 함께 나도 물을 같이 치우겠다고 말한다.

유·초 협력수업을 하면서 인상적이었던 장면이 있었다. 특수교육 요구 아동이 평상시에는 잘 앉아 있지 못했었는데 협력수업을 하는 2차시 내내 바른 자세로 앉아 있었고 손을 들고 발표하는 모습도 보였다. 움직이지 않고 집중하여 친구들과 선배들의 발표 내용을 경청하는 모습도 평소와는 아주 다른 모습이라고 담임선생님께서 말씀하셨다. 동생들 입장에서는 선배들과 함께하는 수업이 매우 재미있었다고 말하고, 1학년 선배들도 동생들과 함께한 수업이 더욱 흥미진진했었다고 말한다. 앞으로도 더 자주 함께 수업할 수 있었으면 좋겠다고 말한다.

유치원 학부모님께서는 "제가 집에서 그릇을 씻다가 떨어뜨

렸어요. 어머나, 이를 어째, 너무 속상해."라고 말하니 저희 딸이 "엄마, 실수해도 괜찮아. 그럴 수 있어. 치우면 돼." 라고 말하더라구요. 어디서 그런 말을 배웠어? 라고, 물으니 유치원에서 실수에 대해 공부했어요. 라고 말하더라구요. 아이의 말을 듣고 저도 배울 수 있는 계기가 되었어요. 라고, 말씀하셨다.

1. 실수와 실수로부터 회복하기 협력수업 – 40분 소요

[이음 열기 – 역할극으로 동기유발]

— (7세 반 선생님이 1학년 선생님께) 제가 목이 마르는데 물 좀 주실래요?

— (1학년 선생님이 7세 반 선생님께 물을 따라 주고 7세 반 선생님은 그 물을 바닥에 엎지른다.)

— 어머나, 방금 우리들이 깨끗하게 청소했는데 물을 엎지르면 어띡해요? 조심 좀 하시ㅗ냈어요? "내가 못 살아, 어휴 속상해, 어휴 속상해."

(이 모습을 바라본 유·초등 모든 아이는 매우 놀라서 얼음 자세가 되어 아무 말 없이 두 선생님을 바라보기만 했다.)

[이음 펼치기 1 – 실수 경험 나누기]

— 방금 7세 반 선생님이 일부러 물을 엎질렀나요?

— 여러분도 비슷한 경험이 있었나요?

— 어떤 경험이 있었는지 이야기해 볼까요?

— 여러분이 실수했을 때 부모님이나 선생님은 어떻게 하셨나요?

— 여러분이 실수했을 때 어떤 감정이 들었나요?

(실수했을 때 학생들은 속상함, 미안함, 무서움 등의 감정을 느꼈다고 했다.)

[이음 펼치기 2 – 그림책으로 실수 탐험하기]

— 그림책 『아름다운 실수』 읽기

— 그림책에서 인상적인 장면이나 내용이 있었나요?

— 실수는 나쁜 걸까요?

— 실수를 한 번도 안 하는 사람도 있을까요?

— 누구나 실수하게 됩니다. 실수를 자책하거나 남 탓을 하기보다는 실수에서 회복하는 것이 필요합니다.

[이음 펼치기 3 – 실수는 배움의 멋진 기회야]

— 실수하게 되면 우리는 어떻게 해야 할까요?

— 나는 실수 덩어리야라고, 자책하거나 남을 탓해야 할까요?

— 실수를 인정하고 받아들이면서 실수와 나를 분리할 필요가 있어요.

— 실수로부터 회복하기 3단계 방법을 안내하겠습니다.

1단계: 인정하기(내가 ~한 실수를 했어.)

2단계: 사과하기(내가 ~해서 진심으로 미안해.)

3단계: 해결하기(책임 있는 행동 : 내가 책임질게. 내가
해결할게)

[이음 펼치기 4 – 역할극을 통해 실수로부터 회복하기]

― (내가 친구의 발을 밟았다는 상황을 주고) 2명씩 짝을
지어 실수로부터 회복하기 3단계 절차에 따라 역할 놀
이를 해볼까요?

― 앞으로 나와 역할극을 시연해 보겠습니다.

[이음 맺기(생각, 느낌, 결심 나누기)]

― 오늘 수업을 하면서 들었던 생각, 느낌, 결심이 있나요?

― "실수해도 괜찮아." 노래 부르며 마무리하기

2. 실수 자랑 대회 수업 – 40분 소요

[이음 열기]

― (전 시간에 있었던 상황과 똑같은 상황을 재연하며) 제
가 목이 마르는데 물 좀 주실래요? (1학년 선생님이 7세
반 선생님께 물을 따라 주고 7세 반 선생님은 그 물을 바
닥에 잎지른다.)

— (7세 반 선생님): 어머, 선생님, 제가 실수로 물을 엎질러서 죄송해요. 선생님 옷에 물이 묻진 않았나요? 제가 닦을게요.

— (1학년 선생님): 선생님, 괜찮으세요? 우리 같이 닦아요.

— (유치원과 1학년 학생들이 서로 물을 닦겠다고 했고 바닥은 순식간에 깨끗해졌다.)

[이음 펼치기 1 (실수 자랑 대회)]

— (원으로 만들기) 지금부터 실수 자랑 대회를 시작하겠습니다.

— 내가 했던 실수를 자랑하고 싶은 사람은 원의 중앙 의자에 앉아 이야기합니다.

— 언제 어디서 누구와 있었던 일이었나요?

— 실수했을 때 어떤 감정이 들었나요?

— 발표자의 이야기가 끝났을 때 손을 들고 궁금한 점을 묻습니다.

[이음 맺기 (생각, 느낌, 결심 나누기, 선물 나눔)]

— 실수 자랑 대회를 하며 어떤 생각, 느낌, 결심을 하게 되었나요?

— 선후배가 서로 선물을 주며, 서로에게 "실수는 배움의 멋진 기회야"라고 말해주세요.

(6) 만 3, 4, 5세 반과
1학년이 함께 모여 자기 조절을 배워요

자기 조절력이란 개인의 감정, 원하는 것, 충동, 행동을 관리하는 능력을 말한다. 자기 조절력은 유아기부터 모든 아이에게 가정과 학교에서 의도적으로 가르쳐야 하는 능력 중 하나다.

우리 학교는 병설유치원 4개 반, 1학년 3개 반이 있다. 아이들의 사회정서기술 발달을 위해 유치원과 1학년 학생들이 모두 모여 자기 조절력 향상을 위한 협력 놀이를 했다.

1학년 학생들은 학년 다모임을 3회 실시하여 사전 계획을 세웠다. 1학년 다모임에서는 유치원 동생들과 함께하는 협력 놀이가 필요할까? 라는 질문으로 아이들의 의견을 모았다. 100% 동의하에 동생들과 함께하는 유·초 이음교육에 적극적으로 참여하겠다고 했다.

협력 놀이를 위해 필요한 사회정서기술이 자기 조절력임을 가르쳤고, 아이들은 자기 조절을 잘해보겠다는 의지도 다졌다. 3번의 다모임 시간 동안 1학년 아이들에게는 자기 조절력이 무엇인지 계속 생각할 기회가 주어졌고, 자신의 수준과 능력에 맞는 협력 놀이가 무엇이 있는지 찾게 되었다.

여러 가지 놀이를 해보며 동생들과 할 수 있는 협력 놀이 종목이 확정되었다. 놀이 종목이 확정되자 1학년 학생들은 짝을 지어 역할 놀이를 하며 연습했다. 한 명은 동생 역할, 한 명은 선배 역할이 되었다. 이렇게 연습하니 아이들은 뿌듯함을 느끼며 빨리 동생들을 만나고 싶다며 만날 시간을 기다렸다. 1학년 학생들은 선생님들의 생각보다 더 의젓하고 당당한 모습으로 동생들 앞에 섰다. 유치원 아이들 또한 이 시간을 매우 기쁘고 행복한 시간으로 보내고 있는 것이 느껴졌다. 유치원과 초등학생이 힘을 모아 자신이 할 수 있는 최선의 방법으로 자기 조절을 하고, 서로 협력하고 배려하는 모습들이 곳곳에서 포착되었다.

교실 안에서 소극적이고, 무기력했던 아이가 매우 적극적으로 동생을 챙기고 놀이 방법을 설명하는 모습도 인상적이었다. 활동 후 소감 나누기에서도 매우 다양한 소감들이 나왔다. 선배들과 손을 마주 잡았을 때 따뜻하고 좋았다, 선배들이 매우 고마웠다. 힘들었지만 잘 참은 자신이 매우 자랑스럽다는 1학년 아이의 소감도 기억에 남는다. 교실에 돌아온 아이들의 표정은 자신에 대한 자랑스러움으로 넘쳤고, 자신이 무엇인가를 해낸 성취감과 뿌듯함으로 가득했다.

1. 자기 조절을 위한 협력 놀이 수업안 – 80분 소요

[이음 열기]
— 짝 뽑아 손 마주 잡고 앉기
— 짝과 함께 질문 주고받기(좋아하는 색깔, 음식, 계절 등

을 묻는다.)

— 손바닥 뇌 이론으로 자기 조절에 대해 알아보기

[이음 펼치기]

— 협력 보자기 공 옮기기

— 줄 바통 런 게임 하기

[이음 맺기]

— 선물 주고받기

— 생각, 느낌, 결심 나누기

(＊더 자세한 내용은 부록의 자기 조절을 위한 협력 놀이 지도안 참고)

(7) 함께하는 한글날 행사로 사회적 관심Social Interest을 가져요

아들러는 모든 인간은 사회적 관심을 가지고 태어난다고 했다. 사회적 관심은 인간의 잠재적인 능력으로 교육을 통해 충분히 개발될 수 있다고 보았다.

"사회적 관심이란 자기중심성에서 벗어나 타인과 공동체에 관심을 두고 이를 가치 있게 여기는 태도를 일컫는다." Crandall, 1980

학교 교육에서는 사회적 관심을 공동체 의식이라는 표현과 같은 뜻으로 사용할 수 있다. 아이들에게 타인과 협력하고 자신이 속한 의미 있는 집단에 공헌하는 기회를 자주 제공해 주면 사회적 관심은 더욱 커질 수 있다. 학교 교육의 목표는 아이들이 사회적 관심이 높은 유형의 인간으로 성장하도록 이끄는 것이다.

한글날을 기념하고 기억하는 것은 아이들이 사회적 관심을 가질 수 있는 좋은 경험이 될 수 있다. 전혀 한글을 몰랐던 아이들이 한글을 배우게 됨으로써 우리 조상들이 느꼈던 배움의 기쁨을 함께 느끼고 우리 한글을 더욱 소중하게 여기고 가치 있게 여기게 된다. 한글날을 기념하기 위해 유치원 만 4, 5, 6세 50명과 1학년 50명이 함께 강당에 모였다. 유치원과 학교에서 아이들에게 할 수 있는 계기 교육은 여러 가지가 있을 수 있다. 한글날 행사를 함께한다는 것은 유·초 모든 아이가 자신이 속한 사회에 대한 사회적 관심을 두고, 공동체 의식을 함양하는 기회가 될 수 있다고 생각했다.

2학기가 되자 제법 자연스럽게 한글을 읽을 수 있는 아이들이 많아졌다. 한글날 행사 준비를 위해 각 교실에서는 동생들에게 읽어 주고 싶은 그림책을 읽는 연습을 진행했다. 이 과정에서 참으로 흥미로운 모습을 관찰할 수 있었다. 이때까지만 해도 한글을 읽지 못했던 각 반의 한글 미해득 학생들이 동생들에게 그림책을 읽어 주기 위해 최선을 다해 그림책을 읽으며 연습하고 있었다. 행사 당일에는 그 아이가 할 수 있는 열과 성의를 다해 그림책을 동생에게 읽어 주고 있었다.

처음 동생에게 그림책을 읽어 줄 때는 매우 서툰 모습을 보였지만 두 번 세 번 읽어 줄수록 아이의 눈빛은 더욱 초롱초롱해졌다. 처음부터 잘하는 사람은 없다. 여러 번 이렇게 해보고 나니 한글 해득을 못했던 아이도 자신감을 가지고 동생들 앞에 설 수 있게 되었다. 정성껏 그림책을 읽어 주는 모습은 모든 교사들의 가슴에 찡한 감동으로 남아 있다.

『우리 한글은 참 소중해요』 – 80분 소요

[이음 열기 – 준비 운동]
— 선배가 뽑은 동생 이름을 크게 부르면 동생은 손을 들고 선배에게 갑니다.
— 짝을 만나면 손을 잡고 원으로 앉습니다.
— 짝과 함께 "나처럼 해봐요. 이렇게" 노래에 맞추어 서로의 몸동작을 따라 합니다.

[이음 펼치기 1 – 그림책 읽어 주기]
— 선배가 준비해 온 그림책을 동생에게 보여주며 읽어 줍니다.
— 강당의 여러 장소 중에 서로 편한 장소를 선택해서 가서

읽어 주어도 됩니다.

— 1번 읽어 준 후 동생이 원한다면 한 번 더 읽어 줄 수 있어요.

— 처음 짝이 된 동생에게 그림책을 다 읽어 주었다면 다른 동생을 찾아가 "내가 그림책 읽어 줄까?"라고 묻고 동생에게 동의를 구한 후 그림책을 읽어 줍니다.

— 선생님이 종을 치면 그림책 읽어 주기를 멈춥니다.

— 다 읽은 그림책은 강당의 가장자리에 가져다 놓습니다.

[이음 펼치기 2 – 한글날 도전 골든벨]

— 강당 앞쪽의 PPT 화면을 보고 선후배가 함께 섭니다.

— 선생님이 읽어 주는 한글날 기념 O, X 퀴즈를 잘 듣고 자신이 생각하는 곳으로 이동합니다. 강당 가운데에는 선이 그어져 있고 선을 기준으로 왼쪽은 O 표시가, 오른쪽에는 X 표시가 되어 있습니다.

— 퀴즈 문제는 총 30문제이며 OX 및 객관식, 주관식 다양한 문제가 준비되어 있습니다.

— 퀴즈에서 탈락한 친구들은 강당 맨 뒤로 나가 있으세요.

— 패자 부활전 문제가 있으니 그 문제를 풀고 다시 들어오면 됩니다.

[이음 펼치기 3 – 경필 쓰기 대회 개최]

— 강당 뒷면에는 1학년 선배들이 지금까지 배운 한글을 정성껏 쓴 글씨들을 붙여 두었습니다.

— 유치원 동생들은 선배들의 글씨를 보고 정성껏 최선을 다해서 쓴 글씨라고 생각되면 준비된 스티커를 붙여 줍니다.

— 스티커를 너무 많이 붙이지 않도록 주의합니다.

[이음 맺기 – 선물 수여 및 소감 나누기]

— 경필 쓰기 대회에서 스티커를 가장 많이 받은 세 명의 선배 이름을 부르겠습니다.

— 경필 쓰기 정성왕에게는 문구 선물 세트 상품을 수여하겠습니다.

— 우리 모두 열심히 행사에 참여한 것에 대해 서로를 격려하겠습니다.

— 생각, 느낌, 결심 소감 나누기

(8) 꼴찌 없는 체육대회
-기여와 공헌을 통해서 자존감과 소속감을 키워요

아들러는 모든 인간은 자신이 속한 의미 있는 집단에 소속되기를 원하고 이 경험들이 쌓여 자존감이 향상된다고 했다. 아이들에게 의미 있는 집단이라 하면 학교를 빼놓을 수가 없다. 학교는 아이들에게 있어 가정 다음으로 매우 중요한 사회다. 학교에서는 아이들이 기여하고 공헌할 기회를 제공하는 것이 필요하다. PDC에서는 아이들이 학교에서 기여하고 공헌할 수 있도록 "의미 있는 역할" 활동을 제시하고 있다.

우리 학교의 축제는 고학년생들이 운영하는 체험 부스를 저학년생들이 체험하는 형식으로 진행된다. 축제 날이 되면 1~2학년 아이들은 고학년들의 기여와 공헌으로 만들어진 축제 부스에서 여러 가지 체험활동을 하며 즐기기만 하면 된다. 고학년들이 주도하고 계획한 축제에 참여해 본 경험이 있으니, 1학년이더라도 기회가 주어진다면 능동적이고 주도적으로 어떤 것들도 할 수 있을 것이다. 라는 믿음이 생겼다. 학년 다모임 시간에 축제 때 선배들이 보여준 모습들을 생각하여 1학년들이 주도하여 "꼴찌 없는 체육대회"를 만들어 보자고 안건을 제안했다. 아이들 모두가 동의하여 우리들이 만들어 가는 꼴찌 없는 체육대회를 만들어 보자고 결정했다. 제일 먼저 결정한 것은 체육대회 체험 부스를 몇 개로 할 것인가였다. 참여 학생 수와 운영 시간을 고려하여 10개의 부스 체험을 운영하기로 했다.

다음으로는 부스 운영팀을 짰다. 민주적이고 평화로운 방법으로 50명의 학생은 반에 상관없이 자신이 운영하고자 하는 팀으로 들어갈 수 있었다. 팀이 결정되자 이후부터는 팀별로 나뉘어져 체험 부스에서 하게 될 놀이를 연습하는 시간을 가졌다. 아이들이 직접 놀이를 해보면서 놀이 방법, 놀이 순서, 놀이 시 주의 사항 등을 스스로 찾아낼 수 있었다.

이렇게 직접 해보는 경험은 아이들의 주도성을 더욱 강화했다. 몇몇 아이는 연습하다 찾아와 준비물이 더 필요하다고 말하기도 하였고, 어떤 아이는 놀이 방법이 유치원 동생들에게 너무 어려울 것 같다면서 더 쉬운 방법을 제안하기도 했다. 놀이 방법을 익히게 되자 아이들은 체험 부스 간판을 스스로 만들기 시작했고, 놀이 방법 및 주의 사항이 적힌 안내문을 직접 만들기도 하면서 꼴찌 없는 체육대회를 준비했다. 물론 아이들 간에 다툼도 생기고 여러 가지 문제들도 생겼다. 그 과정에서 교사가 적극적으로 개입하거나 해결사나 심판자 역할을 하지는 않았다. 아이들이 스스로 해결할 수 있다는 믿음을 가지고 교사들은 상황을 지켜보면서, 아이들의 문제와 고민을 들어 주었다. 시간이 흐르자, 아이들이 스스로 해결책을 찾아가고, 서로 대화로 문제를 해결하는 모습이 보였다.

이러한 과정을 통해 아이들은 할 수 있겠다는 자신감이 올라갔다. 우리가 운영하는 꼴찌 없는 체육대회는 언제 하느냐며 묻기도 하고, 빨리 부스 운영을 직접 하고 싶다고 하면서 기대감을 표현한 아이들이 생기기 시작했다.

체육대회 당일 아이들은 팀별로 맡은 부스에 간판도 스스로 붙이고 놀이에 필요한 준비물도 세팅하고 유치원 동생들을 기다렸다. 동생들이 도착하자 1학년은 매우 의젓한 모습으로 동생들을 이끌기 시작했다. 동생들에게 적극적으로 놀이 방법을 설명하고, 즐겁게 놀이에 참여할 수 있도록 역할을 성실히 해냈다. 놀이가 끝나고 아이들은 우리가 해냈다는 성취감으로 가득했고, 갈등을 빚었던 학생들도 언제 그랬냐는 듯 서로 친해지고 하나가 되어 있었다. 함께 어려운 일을 해냈다는 성취감은 우리가 '서로 함께'라는 공동체 의식으로 피어나고 있었다.

꼴찌 없는 체육대회 수업 - 80분 소요

[이음 열기]
— 꼴찌 없는 체육대회 운영 부스 설명 및 규칙 안내하기
— 준비 운동하기

[이음 펼치기 - 60분]
— 1학년은 부스 운영을 하고, 유치원은 부스 체험하기
— 놀이 방법 설명하기
— 줄 세우기 및 질서 유지하기
— 놀이가 끝나면 손도장 찍어주기
— 유치원 동생들은 최대한 많은 부스 체험하기

[이음 맺기]

— 감사 표현하기

— 생각, 결심, 느낌 소감 나누기

[학년 다모임 – 꼴찌 없는 체육대회 되돌아보기]

— 좋았던 점, 아쉬웠던 점 나누기

— 함께 치킨을 먹으며 열심히 잘 해낸 자신과 같은 팀 친구들 서로서로 격려하기

(9) 격려가 넘치는 PDC 교실 이야기

1. 우리는 매일 선물 받으러 가요.

아들러의 제자 루돌프 드라이커스는 "식물에 물이 필요하듯 아이들에게는 격려가 필요하다. 격려는 건강하게 성장하고 발전하는 데 필요하다"고 말했다. 아들러 심리학에 이론적 배경을 둔 PDC 교실에서는 매일 아침 격려 활동으로 하루를 시작한다. 활동명은 '언어의 선물'이다. 매일 아침이면 반장은 격려카드를 한 사람씩 나누어 준다. 카드에 적힌 격려 언어를 받으면 한 명씩 돌아가며 이렇게 발표한다. "제가 받은 언어의 선물은~~입니다." 발표가 끝나면 다른 친구들은 발표하는 친구를 바라보며 "~야, ~해." 라고, 다 함께 외쳐 준다. 예를 들어 영수가 그날 받

은 언어의 선물이 "함께 놀자"였다면 영수가 일어나 제가 받은 언어의 선물은 "함께 놀자"입니다. 라고 말한다. 반 친구들은 영수를 바라보며 "영수야, 함께 놀자"라고 외친다. 이런 방법으로 반 아이들 모두가 돌아가며 언어의 선물을 받게 된다. 한글을 몰라도 괜찮다. 말만 할 수 있으면 된다. 담임교사가 말로 읽어 주면 그대로 따라서 말하면 된다. 언어의 선물 활동에서는 담임선생님도 꼭 함께 참여해야 한다. 아이들과 수평적인 관계에서 동등하게 서로 격려 언어를 주고받는 데 의의가 있다. 담임선생님께 언어의 선물을 외쳐 주면 선생님도 그 모습을 통해 격려받게 된다.

교실 환경을 격려할 수 있는 환경으로 만들어 주는 것도 좋다. 예를 들면 격려 현수막을 교실 곳곳에 게시해 두는 것이다. 이러한 환경 설정은 가랑비에 옷 젖듯이 자연스럽게 격려의 언어와 함께 생활할 수 있게 해 준다. 이런 환경에서 자란 아이들은 어떤 안 좋은 상황에 부딪혔을 때도 격려의 언어가 무의식적으로 나올 수 있다. 예를 들어 한 아이가 넘어졌거나 물을 쏟았을 때 아이들의 입에서는 "실수 OK, 괜찮아, 그럴 수 있어."라는 말이 자연스럽게 나오게 되는 것을 볼 수 있었다.

이처럼 교실 안에서 격려 활동을 하고 격려하는 교실 환경을 만들어 주는 것은 다음과 같은 효과를 가져올 수 있다.

첫째, 매일 주고받는 격려의 언어를 통해 교실 문화를 격려하는 교실로 이끌어 준다. "언어의 선물"을 받고 하루를 시작한 아이들은 표정부터가 달라진다. 기쁨과 기대와 희망으로 가득 차 하루를 잘 보내고자 하는 힘이 생긴다. 언어의 선물을 받으면 가정에서 있었던 기분 나쁜 기억들도 순식간에 사라지게 된다. 교실 안에서 내가 소속되었다는 소속감과 이곳이 안전한 장소라는 안정감을 주게 된다.

둘째, 아이들의 의사소통 기술을 향상시켜 준다. 언어의 선물 활동은 경청 기술, 말하기 능력을 향상시켜 준다. 언어의 선물 활동에서는 친구가 발표하는 말을 잘 들어야 친구에게 격려의 언어를 외쳐줄 수 있기 때문이다. 또한 발표에 어려움을 가진 아이들도 매일 반복되는 언어의 선물 활동을 통해 발표력이 향상된다.

셋째, 또래 관계 형성에 매우 효과적이다. 관계가 안 좋았던 친구 관계가 눈 녹듯이 사르르 녹는다. 어떤 문제가 생겼을 때 해결 과정에서 서로에게 격려의 언어를 사용하게 된다. 이렇게 격려 언어를 사용하게 되면 웃으면서 문제가 바로 해결되기도 한다.

격려하다^{Encourage}의 사전적 의미는 "용기나 의욕이 솟아나도록 북돋게 하다"라고 한다.(네이버 국어사전) 격려의 어원을 더 깊이 들어가 보면 격려란 "To give heart, 즉 가슴을 주는 것"이라고 한다. 우리들이 매일 교실 안에서 아이들에게 한 말은 칭찬일까? 격려일까? 과연 칭찬과 격려의 의미가 같은 것일까? 칭찬과 격려의 의미를 자세히 알지 못한 채 혼돈하여 쓰고 있는 것이 아닐까? 한때 칭찬은 고래도 춤추게 한다는 말이 유행한 적이 있다. 언뜻 보면 칭찬과 격려의 뜻이 같은 것처럼 보일지도 모른다.

PDC에서는 칭찬과 격려의 의미가 매우 다르며, 아이들에게 격려를 많이 할 것을 강조하고 있다. 칭찬은 칭찬하는 사람과 받는 사람과의 관계가 상하 관계라는 전제에서 시작된다. 우리들은 "칭찬을 해 주었다. 칭찬을 받았다"라고 표현을 많이 한다. 칭찬은 아랫사람이 한 결과에 대하여 윗사람이 만족했을 때 하는 말이다. 즉 동등한 관계에서는 칭찬을 받았다라는 표현을 쓰지 않는다는 것이다.

　반면 격려의 경우는 다르다. PDC 교실에서는 아이들과 교사가 수평적 관계라는 전제에서 출발한다. PDC 교사는 아이들의 실수를 수용하고, 성장과 과정을 격려하는 격려자여야 한다. 아이들의 결점과 약점에 집중하여 이를 수정하고 변화시키려 하지 않는다. 아이들에게 용기를 주고 지속적인 관심을 가지고 아이들을 격려한다. "100점 맞았네. 잘했어"라고 말하기보다 "지난번보다 더 성장했구나, 많이 노력했구나."라고 말한다. 이는 곧 결과물을 칭찬하기보다는 아이가 한 노력과 성취의 과정을 알아봐 주며 격려한다는 것을 뜻한다.

　아들러는 문제 행동을 하는 아이들은 낙담하고 좌절한, 용기를 잃은 아이들이라고 했다. 용기 잃고 낙담한 아이들에게 행동을 수정하고 처벌하는 방식을 사용해서는 장기적인 효과를 가져올 수 없다. 행동 변화의 가장 강력한 동기부여는 격려이다. 진심으로 아이가 성장하기를 바라는가? 진심으로 아이가 용기를 갖도록 바라는가? 아이가 교사와 반 친구들로부터 진심으로 격려받는다면 그 아이는 용기를 얻게 된다. 용기는 곧 소속감과 자존감의 원천이 된다. 칭찬은 고래만 춤추게 할 수 있지만 격려는 인간을 춤추게 할 수 있다.

식물이 물을 생명의 원천으로 살아가듯, 우리 아이들도 매일 격려받을 수 있다면 많은 아이가 용기를 갖고 세상을 살아갈 힘을 얻게 될 수 있을 것이다.

3부

학부모
이음교육을 위한 제안

학부모와의 이음교육으로 간담회, 참여 수업, 학부모 상담을 진행한다. 또한 느린 학습자를 위한 가정 연계 교육으로 아이, 교사, 학부모가 하나 되어 아이들의 성장을 도울 수 있도록 안내한다.

교사, 부모, 아이의 공동 목표

아이의 초등학교 입학을 준비하는 데 있어 가장 중요한 것은 학습이 아닌 사회정서발달이다. 이는 단순히 머리로 아는 것이 아니라, 부모와의 이음교육을 통해 가슴으로 체득해야 한다. 교사와 부모는 아이의 행복하고 건강한 성장, 그리고 유·초 이음교육의 성공을 위해 공동의 목표를 가지고 협력해야 한다. 교사는 이러한 공동 목표를 안내하고, 부모와 함께 아이에게 좋은 모델이 되어야 한다. 만약 교사와 부모의 목표가 다를 경우, 아이의 교육적 효과는 저하되고 불안감은 커질 수 있다. 이 불안감이 커지면, 아이가 초등학교에 잘 적응할 수 있을지 의문이다.

유·초 이음교육의 주체는 바로 아이이다. 이는 부모의 욕구가 아니라, 아이가 소속감과 자존감을 통해 건강한 신체와 단단한 내면을 갖추고 자신 있게 학교생활을 시작할 수 있도록 교사가 도와야 한다는 의미이다. 이를 위해 학기 초 7세 학부모 모임을 통해 유·초 이음교육의 중요성과 1년간 PDC를 활용한 사회정서 수업의 진행 계획을 부모에게 안내해야 한다. 또한, 아이를 위한 '격려하는 공동체의 문화'를 함께 만들어 간다면, 아이는 초등학교에 성공적으로 적응할 수 있을 것이다.

취학 전 자녀를 둔 학부모에게는 자녀의 사회정서발달을 위한 사회정서기술의 중요성을 알리는 것이 초등학교 입학 준비에 핵심적이라는 점을 강조하며, 이를 학부모 이음교육에 활용할 것을 제안한다.

1장

1학년 교육 과정 설명회의
새로운 방법

기존에 하던 교육 과정의 설명회가 아닌 PDC의 연결과 협력을 중심으로 교사, 학생, 학부모가 서로 마주 보는 3주체 한자리 모임을 구성했다. 학기 초 편지나, 알림장으로 교육 철학과 교육 과정을 설명하는 것이 아닌 교사, 학생, 학부모 모두가 주체가 되어 PDC를 경험하고 담임교사의 교육 철학과 서로에게 바라는 상을 나누면서 학부모님과 단단한 신뢰를 쌓을 수 있도록 돕는 새로운 교육 과정 설명회를 제시하고자 한다. 실제로 운영한 교육 과정의 진행 내용을 실어 교사들이 실천해 볼 수 있게 담았다. 이 책에서는 1학년의 사례를 소개했지만 PDC로 유·초 이음교육을 진행한다면 유치원 7세반 교사들도 실천할 수 있는 학부모 설명회가 될 수 있을 것이다.

(1) 교사·학생·학부모가 서로 마주 보는
3주체 한자리 모임

"우리 아이의 담임선생님은 어떤 분이실까? 유치원은 초등학교와 교실 환경이 매우 다르다는데 우리 아이가 잘 적응할 수 있을까? 내 아이와 같은 교실에서 공부하는 같은 반 친구들은 어떤 친구들일까? 혹시 내 아이가 친구를 못 사귀면 어쩌지?"

자녀를 초등학교에 입학시키는 학부모라면 많은 분들이 이런저런 걱정들을 할 것이다.

아이를 처음 초등학교에 보내는 학부모들의 마음은 궁금한 것도 많고 불안감과 긴장감도 커진다. 신학기가 되면 대부분 초등학교에서는 학부모님을 모시고 학교 개방 행사를 한다. 바로 교육 과정 설명회이다. 교육 과정 설명회는 학부모들이 강당에 모여 학교 교육 과정 전반에 걸쳐 설명을 들은 후 내 아이의 반으로 가서 담임 선생님의 학급 운영 철학을 듣는 것이 일반적인 형식이다.

우리 학교에서는 2023학년도부터 교육 과정 설명회를 새로운 방법으로 하고자 여러 번의 협의를 하게 되었다. 이 과정은 전 교직원 회의에서 민주적인 절차를 거친 협의의 과정을 통해 결정되었다. 교사·학생·학부모 3주체가 한자리에 모여 서로 1년을 어떻게 살아갈 것인가에 대한 대화를 나누며 무엇을 어떻게 할 것인지를 고민하다 PDC의 활동을 해보자는 결론에 이르게 되었다.

우리 반에서는 교사·학생·학부모 3주체가 한자리에 모여 학급 긍정훈육법의 "꿈 같은 친구, 악몽 같은 친구" 활동을 변형하여 "내가 꿈꾸는 선생님은? 내가 꿈꾸는 부모님은?" "동의와 가이드라인, 협력 놀이"를 함께하며 교사·학생·학부모가 마주 보며 서로를 알아가는 시간을 가졌다. 교실 안에서 학부모들을 만나는 아이들은 기쁨과 설렘으로 가득했다. 부모님 손을 잡고 교실 곳곳을 다니며 여기저기 소개해 주는 아이들도 있었다. 친구 부모님을 보고 공손하게 인사하는 모습도 보였다.

40분 동안 진행된 3주체 한자리 모임이 끝나니 아이들의 반응은 매우 좋았다. 부모님과 함께하는 시간이 너무 행복했다. 부모님이 또 오셔서 함께 공부를 같이했으면 좋겠다는 아이들이 많았다. 다만 피치 못할 사정으로 부모님이 참석하지 못했던 2명의 아이는 서운함을 참고 참다가 결국은 울음을 터트리고야 말았다. 우는 아이를 바라보는 마음은 무거웠다. 이러한 공식적인 행사가 상황이 안 되어서 부모님이 못 오시는 소수의 아이에게 또 상처를 주는 게 아닌가? 하는 미안한 마음도 들었다. 부모님들을 이렇게 공식적으로 학교에 초대하는 행사를 계속 해야 할까? 하는 고민도 해보게 되었다.

그런데도 3주체 한자리 모임에 참석한 학부모들의 반응은 매우 폭발적이었다. "내 자녀가 이렇게 좋은 선생님과 친구들과 한 교실에서 공부한다고 하니 마음이 놓이고 안심이 된다. 학교에 대한 신뢰감이 더 커지게 되는 계기가 되었다. 내 자녀가 마냥 어린애는 아니라는 것을 느끼며 자녀에 대한 믿음이 커졌다. 같은 반 친구들을 보니 내 자녀뿐 아니라 많은 자녀가 생긴 것만 같아 기분이 좋다."라는 다양한 부모님의 의견을 들을 수 있었다.

PDC로 3주체 한자리 모임을 한 것은 교사에게도 기쁨과 행복의 시간이었다.

학기 초가 되면 학부모들에게 교육 철학이나 학급 운영을 어떻게 할 것이라는 학급 운영 철학이 담긴 편지나 알림장 등으로 담임선생님을 소개했다. 그러면서도 얼마나 많은 학부모님이 나를 신뢰해 줄까? 하는 걱정도 하게 된다.

백문이 불여일견百聞 不如一見 이라는 말처럼 학부모들이 교실로 들어와 직접 이렇게 서로의 눈을 마주하는 기회는 신뢰를 키우는 좋은 기회가 되었다. 이렇게 신뢰가 쌓인 이후 학부모님들은 매우 긍정적으로 교사의 말을 경청해 주셨다. 완벽하게 모든 것을 잘 준비해서 보여 주어야 한다는 마음을 버리고, 모두가 실수를 통해 배운다는 마음으로 교실 문을 열었더니 '학부모님과의 단단한 신뢰'라는 큰 선물이 교사에게 주어졌다.

(2) 3주체 한자리 모임 진행하기

1. 3주체 한자리 모임을 위한 사전 준비 – 학년 다모임

— 학년 다모임: 1학년 3개 반이 모여 2회 실시
— 안건 1: 내가 꿈꾸는 선생님은 어떤 선생님인가요?
— 안건 2: 내가 꿈꾸는 부모님은 어떤 부모님인가요?

2. 3주체 한자리 모임 수업 흐름도 – 40분 소요

[마음 열기]
— 원으로 앉기
— 언어의 선물로 서로 격려하기
— 싱잉볼 명상으로 마음 가라앉히기
— 부모님, 아이들, 교사 각자 자기 소개하기

[활동 1]
— 사전 설문조사 순위 맞추기
— 내가 꿈꾸는 선생님의 모습 5위부터 1위까지 맞추기(부모님만 맞추기)
— 내가 꿈꾸는 부모님의 모습 5위부터 1위까지 맞추기(부모님만 맞추기)

— 부모님이 꿈꾸는 아이들의 모습 5위부터 1위까지 맞추기(아이들만 맞추기)

[활동 2]
— 1학년 2반 1년살이를 위한 동의와 가이드라인 정하기
— 교사·학생·학부모가 꿈꾸는 2024년 1학년 2반의 모습은?
— 이렇게 말해요, 이렇게 행동해요 챠트 작성하기

[활동 3]
— 함께 협력 게임 하기
— 안으로, 밖으로 뛰어
— 이름 기차놀이

[마무리]
— 생각, 느낌, 결심 나누기

2장

7세 졸업반을 위한 참관수업

PDC를 활용한 유·초 이음교육으로 학급 운영을 8개월 보내고 7세 졸업반 친구들만 학부모 이음행사로 학부모 참관수업을 진행한다. 주제는 자신감이랑 친구 할래!'로 1학년의 40분 수업 시간과 동일하게 실제 참관수업 내용을 실었다. 수업 내용 안에 자신이 잘하는 일로 격려일기를 쓰고 발표하면서 듣기, 말하기, 쓰기, 읽기가 골고루 들어가게 계획했다. 그리고 아이가 자기 스스로를 격려하고 부모님의 격려도 들으며 초등학교 입학을 불안감이 아닌 기대감과 믿음으로 변하는 경험을 할 수 있도록 하였다. 또한 학부모님도 아이를 믿고 격려하는 문화를 만들 수 있다.

(1) 부모의 불안감을 믿음과 기대감으로

　1학년을 앞둔 부모님의 불안은 곧 아이의 불안으로 이어진다. 이러한 불안은 교사에게도 영향을 미친다. 아이는 친구 관계가 원만할지, 수업에 집중할 수 있을지, 학습 진도를 잘 따라갈 수 있을지 걱정하게 된다. 이 시기는 부모에게 자녀의 부족함이 확대경을 통해 더욱 뚜렷하게 보이는 불안한 시기이다. 그러다가 급기야 아이에게 "너 학교 가서도 그러면 선생님에게 혼나." "한글은 떼고 가야지." "언제까지 아기처럼 굴 거야."라고 하며 부모의 감정을 그대로 아이에게 전달한다. 아이는 "나 학교 가기 싫어요. 선생님에게 혼나요. 공부만 하잖아요."라고 두려움을 표현한다.

　교사는 부모님의 불안을 다독이기 위해 상담을 하지만 부모님들의 불안감은 쉽게 잠재워지지 않는다. 이를 완화하기 위해 유·초 이음교육은 학부모 이음교육으로 확장되어야 한다. 그리고 7세 담임교사와 1학년 담임교사들은 아이가 학교생활을 안정적으로 할 수 있도록 서로 연결되는 교육을 계획해야 된다. 7세 졸업반 부모 참관수업 계획은 어떻게 하면 부모님과 아이 모두 불안감을 떨치고 용기와 믿음을 가지고 새로운 도전의 첫발을 내디딜 수 있을까? 에서 시작된다.

　보통 부모 참관수업은 1학기에 한 번, 2학기 9월~10월 가을쯤에 한 번 진행된다. 그러나 7세 졸업반은 예외로 11월, 12월에 졸업반 부모 참관수업으로 한 번 더 진행했다. 참관수업은 첫째, 초등학교 입학 전에 자존감을 높이는 격려 수업을 통해 학교생활에 자신감을 갖도록 한다. 둘째, 학부모님의 직접 참관을 통해 유·초 이음교육으로 성장한 자녀를 격려하는 시간을 갖는다는 목표로 진행했다.

학교 수업 시간과 같게 40분으로 하고 듣기, 말하기, 쓰기, 읽기의 비중을 균등하게 맞추어 계획했다. '백 번 듣기보다는 한 번 보는 게 낫다.'라는 말처럼 아이가 40분 동안 수업에 참여하는 모습을 보면서 부모님들의 불안은 안심으로 변한다. 그리고 아이에 대한 믿음이 싹트게 된다. 7세 아이들은 40분간 수업을 해내는 자신에게 스스로 격려하면서 자신감을 갖게 된다. 학교는 두려운 장소가 아니라 기대되는 곳으로 바뀌게 되는 것이다.

(2) 자신감이랑 친구 할래!

1학년 학교 수업 시간과 동일하게 40분 소요

[호기심 질문]

▶ 교사 : 자신이 잘하는 것, 자신 있는 것은 무엇인가요?

아이들 대답 : (인사를 잘해요. 그림을 잘 그려요. 잘 놀아요.)

교사 : 자신이 잘 못하거나 자신 없는 것은 무엇인가요?

아이들 대답 : (글씨를 못 써요. 정리를 못해요. 달리기를 못해요.)

[경험 나눔]

그림책 :『치킨 마스크 그래도 난 내가 좋아』

▶ 호기심 질문과 연결하여 이야기로 들어간다.

　"치킨은 왜 마스크를 쓰고 있을까요?

▶ 그림책 내용 질문하기

— 치킨 마스크는 무슨 이유로 마스크를 바꾸어 썼나요?

— 치킨 마스크가 다른 마스크를 계속 바꿀 때마다 어떤 감정이 들까요?

— 치킨 마스크가 잘하는 것은 무엇인가요?

— 치킨 마스크처럼 자신감이 없어 힘든 적이 있나요?

— 치킨 마스크는 어떻게 자신감을 갖게 되었나요?

— 치킨 마스크에게 해 주고 싶은 말이 있나요?

[지혜 키움] – 칭찬과 격려

▶ 칭찬은 무엇일까요?

▶ 격려는 무엇일까요?

▶ 칭찬과 격려의 차이점은 무엇일까요?

서쪽나라 칭찬별과 동쪽나라 격려별이 하늘에서 만났어요. 칭찬별은 친구들이 잘한 일이 있으면 "최고!" "잘했어." "오~ 착해." "예쁜데?" "멋진데?" "잘 그렸어." 라며 친구들에게 칭찬별을 주었어요. 격려별은 열심히 하는 친구, 연습하는 친구, 넘어지고 다시 일어나 도전하는 친구, 용기를 잃어버린 친구들을 찾아가 "열심히 하고 있구나." "최선을 다하는 걸 봤어." "친구에게 친절하게 말하는 걸 들었어." "한 번 더 해보자." "내가 옆에서 응원할게." "넌 할 수 있어!" "아직 시간이 필요한 것뿐이야." 하며 용기별을 주었어요. 친구들은 칭찬별을 받고 싶나요? 아니면 용기별을 받고 싶나요? 이유는 무엇인가요? 칭찬은 달콤한 사탕과 같고 격려는 건강한 밥과 같대요.

[행동 열기]

▶ 주인공은 나다!

1. "선생님이 이름은 부르지 않고 '격려의 말과 칭찬의 말'을 할 거예요."라고, 안내한다.

2. 선생님의 말을 듣고 내가 그 말의 주인공이라고 생각하면 "나다!" 외치며 손을 들게 한다. (나는 인사를 잘한다. 나는 김치를 잘 먹는다. 나는 잘 잔다. 나는 잘 논다.)

3. 선생님이 손 든 친구들과 눈 뽀뽀하고 미소 지으며 "빙고!"를 외친다.

4. "한 번 손을 들어도 다른 격려와 칭찬의 말이 또 주인공 같다면 손을 들어도 됩니다."라고 안내한다.
("나다!" 외칠 때 주인공이어도 목소리가 작으면 탈락이라고 말하며 자신 있게 표현하도록 격려한다.)

5. 격려받은 경험이 적은 아이들에게 용기를 주기 위해 "바르게 않으려고 노력한다." "김치는 한 번 먹어보았다." "친구에게 친절하게 말한 적이 있다."라고 노력한 부분도 넣어서 놀이한다.

긍정적인 격려의 말보다 부정적인 상호 작용을 많이 들어왔던 아이는 잘하는 것을 찾는 활동에서 어려움을 겪는다. 특히 어긋난 목표 행동을 보이는 아이는 더욱더 힘들어하는 활동이다. 아이들이 자신이 칭찬받고 격려받을 일이 많다는 것을 알려주고 스스로 긍정적인 모습을 찾아내기 위해 만든 놀이다. "주인공은 나다."라는 놀이를 한 달간 매일 서클 타임에 활용하면 표정과 자세가 달라지는 것을 느낄 수 있다.

▶ 선생님이 격려와 칭찬의 말을 해 줄 때 "나다!"라고 여러 번 외쳤나요?

와~ 자신을 격려하고 칭찬할 일이 많네요!

[생각 표현] – 격려 일기

내가 잘했던 일, 친절했던 일, 도와준 일, 열심히 한 일, 못하던 일을 조금은 잘 해낸 일, 도전해 본 일 중의 한 가지만 생각해 봐요.

1단계 - 오늘은 말로 쓰는 격려 일기에요.

(아직 글을 쓸 수 없는 아이를 위해 생각을 언어로 표현하게 한다.)

2단계 - 글로 격려 일기를 써요.

> 저를 칭찬합니다. 왜냐하면 ＿＿＿＿＿＿ 때문입니다.
>
> 저를 격려합니다. 왜냐하면 ＿＿＿＿＿＿ 때문입니다.

3단계 - 글로 쓰고 발표해요. (쓴 글을 들고 읽으면서 발표하게 한다.)

★ 반 아이들의 쓰기 발달 단계에 맞추어 1단계~3단계를 활용한다면 생각 표현, 문장 정리, 발표 능력까지 자연스럽게 성장하는 모습을 볼 수 있다.

[아하! 알게 된 걸 축하해!]

▶ 오늘 무엇을 알게 되었어요?

(아이들 대답 : 나를 칭찬하는 방법을 배웠어요. 내가 잘하는 게 많아요. 연습하는 것도 중요해요. 나는 학교 가서 잘할 수 있어요. 용기가 생겼어요. 격려를 알았어요.)

▶ 아이가 알게 된 것, 배운 것을 발표할 때 "아하! 알게 된 걸 축하해! / 아하! 배운 걸 축하해!" 라고 말하면서 친구들과 동그라미 박수로 축하해 준다.

▶ 학부모님들이 수업 참관 후 한 분씩 자녀의 이름을 부르며 구체적으로 격려의 말을 들려준다. 학부모님이 격려의 말을 마치면 아이와 포옹으로 감사와 사랑을 표현한다.

학부모를 위한 긍정훈육법 상담

취학 전 아이가 문제 행동을 보인다면 교사나 부모 모두 힘든 일이다. 물론 가장 힘든 것은 아이다. 아이를 돕기 위해 부모와 상담하지만, 결과는 교사를 더 힘들게 하는 반응으로 돌아온다. 3장은 어려움을 겪고 있는 아이의 사례와 어머니와 상담하는 사례를 통해 학급긍정훈육 관점의 학부모 상담을 제안한다. 강점 기반, 역량 기반, 해결 중심 기반의 세 가지 상담을 학급긍정훈육의 관점을 적용해 실제 대화를 제시하였다. 어려움을 겪는 아이는 부모도 함께 어려움을 겪고 있을 가능성이 높다. 부모의 어려움을 이해하고 교사와 연결되어 협력하는 부모가 될 수 있도록 교사의 상담 관점을 돌아보는 계기가 되어 줄 것이다.

(1) 어머님의 눈물

7세 졸업반 남자아이 민성이는 교실에서 수업을 방해하고 산 만하며 친구들 관계에서 공격적인 모습을 보였다. 교사의 훈육 에도 힘겨루기하며 교사를 지치게 만드는 날이 많았다. 교사는 가정과 협력하여 민성이를 돕고 싶었다. 그러나 민성이 어머님 은 교사와의 상담에서 "민성이는 집에서는 안 그래요. 이상하네 요. 원에서 문제가 있는 것 아닌가요?" "우리 민성이만 색안경을 끼고 보는 것 같아요." 하며 민성이에게 도움이 필요한 것을 받 아들이지 않았다.

민성이의 담임교사는 아니라서 힘든 상황만 전해 듣고 있었 다. 2학기 9월에 원장님은 민성이 어머님과 상담해 줄 수 없냐고 물었다. 담임교사가 아닌 교사가 상담을 한다면 어머님의 오해 로 더 심각한 상황이 될 수도 있다고 의견을 말했다. 대신 발표력 수업을 듣도록 권해보라고 말씀드렸다. 맡고 있던 수업이라 수 업 담당 교사와 자연스럽게 대화할 기회가 있으리라 생각했다. 발표력 수업은 초등학교 입학을 위한 사회성 발달을 돕는 자신 감 프로그램으로 구성되어 있어 민성이에게도 필요한 수업이었 다. 민성이의 수업 첫날 관찰을 해보니 외향적이고 자신감에 넘 쳤다. 자기 생각을 잘 표현하고 리더십도 있었다. 하지만 앉아서 기다리는 인내심 조절이 힘들었다.

민성이에게 관찰된 강점을 "눈빛에 자신감이 보이네." "큰 소리로 또박또박 발표하는구나!" 격려했고 바른 자세를 힘들어할 때 바르게 앉아 있는 아이들을 격려하여 자연스럽게 알아차리게 했다. 교사를 도와 시범을 보이는 역할로 기여를 통해 조절할 수 있는 한계 설정을 해 주었다. 수업하고 느낀 점은 민성이는 충분히 해낼 내적 자원이 충분하다는 것이었다.

첫 수업이 있던 날, 민성이를 데리러 온 어머님과 마주쳤다. 내가 먼저 인사를 밝게 하며 발표력 수업을 담당하는 교사라고 소개했다. 어머님의 눈빛은 불안과 경계의 눈빛이 역력했다.

"어머님, 민성이는 외향적이고 자신감이 있어요. 발표하는 게 거침이 없네요. 자신의 생각도 정리해서 발표하고요. 저는 아이가 살아가는 데 제일 중요한 것은 자신감이라고 생각해요."라며 밝은 목소리로 민성이가 지닌 성격의 강점을 이야기했다.

이런 대화가 10분 정도 지났을까? 민성이 어머님은 울기 시작했다. 울음이 잦아들 때쯤 "민성이 좋게 봐주셔서 감사해요."라고 하셨다. 그리고 "아이가 산만하고 학습할 때 10분을 못 앉아 있어요. 조절도 어렵고, 위험한 행동도 하고, 자기 뜻대로만 하고 싶어해요. 어떻게 하면 좋을까요?"라며 민성이 어머님 스스로 아이의 문제를 이야기했다.

민성이 어머님은 아이에게 도움이 필요함을 인정하지 않던 분이었다. 그런데 이 짧은 시간 안에 스스로 아이의 문제 행동을 먼저 말했을까? 그리고 눈물을 왜 흘렸을까? 민성이 같은 아이들은 어릴 적부터 교육기관에서 교사들에게 비슷한 피드백을 받는다. 부정적 피드백을 계속 듣다 보면 어머님들도 상처가 되고 지치게 된다. 이런 경험이 쌓이면 부모도 방어기제가 나온다. 이런 방어기제는 학부모와 교사가 연결될 때 마음의 문이 열리게 된다. 그리고 '스스로 인정하기'부터가 모든 문제 해결의 시작이 된다. 어머님의 방어기제인 회피와 투쟁에서 협력으로 바뀌는 순간이다.

(2) 학급긍정훈육법 관점의 학부모 상담

1. 강점 기반으로 상담하기

부모 고민 : "아이가 산만해요." "위험한 행동도 하고요."

"민성이의 기질은 외향 중에서 극 외향에 가까워요. 새로운 외부 자극에 발빠르게 반응하고 직접 경험을 할때 에너지가 올라가는 기질이에요. 그래서 새로운 도전 거리에 반응해요. 몸으로 하는 활동에 집중도가 높아요. 그리고 선택권도 자신이 갖길 원하죠. 자신과 타인에게 위험한 일이 아니라면 많은 선택권을 주세요. 선택권을 갖길 원하는 성향을 잘 활용하면 주도적이고 책임감 있는 아이로 성장할 수 있어요. 그리고 되고 안 되고의 한계 설정을 명확하고 짧게 말해주세요. 더 잘 들을 거예요."

아이를 이해하는 것은 아이의 기질과 성향을 아는 것에서부터 출발한다. 타고난 기질을 그대로 인정받는 것이 곧 소속감이고 사랑받는 것이다. 그리고 이 타고난 기질의 강점을 인정받는 것은 "난 할 수 있다."라는 능력에 관한 일이다. 능력으로 타인에게 기여할 기회를 얻는 것은 자존감을 높이는 데 도움이 된다. 강점을 발휘하여 성장하는 아이는 자신의 약점에 좌절하기보단 용기를 내어 조절할 힘이 생긴다. 부모는 격려를 통해 아이의 강점을 강화하고 약점을 보완할 힘을 갖도록 도울 수 있다.

2. 역량 중심 기반 상담하기

부모 고민 : "아이가 조절이 안 돼요."

"어머님, 강점과 약점은 따로 있지 않아요. 강점이 넘치면 약점이 됩니다. 강점을 키우고 약점을 격려하여 강점이 넘치지 않게 조절이 필요해요. 조절은 연습을 통해 성장할 수 있어요. 조절은 신체 조절이 먼저예요. 그리고 감정 조절로 자기 조절까지 연결됩니다. 민성이가 앉아서 기다리고 교사의 말을 듣고 따르는 것은 민성이의 삶에서 중요한 미래의 역량인 자기조절력이에요. 자기조절력은 사회정서기술의 핵심이 됩니다. 그리고 민성이의 지금의 어려움은 가르쳐야 할 기회가 온 것입니다."

PDC는 단기적인 목적이 아닌 장기적인 목적을 지향한다. 빙산의 일각인 문제 행동만 바라본다면 아이가 문제에 대해 보여주는 해결책의 빙산 아래를 보지 못하게 되는 것이다. 아이의 문제 행동을 바로 행동 수정하는 것이 아니라 아이가 혼자 해결하기 어려운 점을 돕고 목적을 수정해 주는 것이다. 아이가 현재 어려움에 처해 있다면 이때야말로 건강하고 성공적인 삶을 위한 사회정서기술을 가르쳐야할 적기임을 알아야한다. 아이는 적극적인 행동 신호로 도움을 요청하기 때문이다.

3. 해결 중심 기반 상담하기

부모 고민 : "아이가 자기 뜻대로만 하려고 해요."

"10분을 못 앉아 있어요."

"민성이는 승부욕이 강해요. 친구들과 가위바위보 놀이에도 지는 것을 싫어하는 모습이 보였어요. 짧은 시간을 앉아 있는 미션을 게임처럼 하면서 승부욕을 올려주세요. 익숙해지면 시간도 두 가지로 제시하고 스스로 선택할 기회를 주세요. 초시계를 활용하여 시각적으로 확인하게 해줘도 집중하는 시간이 길어질 거예요. 또 잘 해내면 선물이나 보상이 아닌 부모님과 놀이터에서 몸으로 놀거나 좋아하는 음식을 해 주는 보상을 주세요. 이런 보상으로 민성이가 소속감을 느끼고 중요한 존재인 것을 알게 되면서 부모님과 관계가 더 좋아집니다. 관계가 좋아진다는 것은 부모님 말씀을 더 잘 따른다는 의미이기도 해요"

문제 행동을 고치겠다고 벌을 주거나 보상을 주어 문제 행동을 제거하려는 훈육은 아이에게 반복되는 문제 행동과 반항, 난부족한 아이라는 부정적 신념을 갖게 한다. 문제 행동을 비난하거나 대신 해결해 주는 것이 아닌 "어떻게 하면 둘 다 좋은 결과가 될까?" "어떻게 하면 함께 승리할까?" "민성이 생각이 궁금해?" "오늘은 몇 분 앉아서 글쓰기를 할까? 5분, 10분? 네가 결정할 수 있어."라고 해결책 중심과 친절하고 단호하게 상호작용한다. 이런 해결책 중심은 아이가 부모와 연결되고 협력하고 싶게 만든다. 또한 아이가 스스로 문제를 해결하는 문제 해결 능력을 발달시킨다.

계획되지 않은 민성이 어머님과의 상담은 "좌절한 아이 뒤에는 더 좌절한 부모가 있다."라는 깨달음을 주었다. 민성이가 교사에게 힘든 아이가 아니라고, 어머님의 방어기제가 맞다고 이야기하는 것은 아니다. 자신에게 질문해 보라. 진정으로 원하는 것이 무엇인가? 학부모와 관계 악화인가? 아이와 힘겨루기하며 하루하루를 힘겹게 보내는 것인가? 아니면 부모와 협력하여 아이의 성장을 돕는 것인가? 어긋난 목표 행동을 가진 아이, 방어기제를 쓰는 부모를 이길 힘이 우리에겐 없다. 그러나 이미 딱딱하게 굳은 마음을 부드럽게 풀어 조금씩 더 협력하게 격려할 순 있다.

민성이 어머님과의 상담은 강점으로 시작하고 걱정되는 부분, 약점에 대해선 전혀 언급하지 않았다. 이상한가? 상담이 거짓이라고 느껴지는가? 아니다. 민성이는 문제 행동을 한 게 아니라 '가르칠 기회와 배울 기회'를 충분히 연습할, 효과적인 도구가 없었을 뿐이다. 어머님도 마찬가지다. 민성이를 사랑하지만 어떻게 가르쳐야 하는지 모를 뿐이다. 부모도 부모가 처음이지 않은가?

또한 타고난 기질을 이해받지 못한 아이기도 하다. 타고난 기질을 있는 그대로 인정받는 것은 소속감을 얻는 것이다. 타고난 기질을 인정받고, 그 기질로 자신이 잘하는 것에 기여하는 것, 이 둘이 합쳐져서 자존감이 된다.

교사의 상담 관점도 중요하다. 어떤 관점으로 상담해야 할까? 모든 아이에게는 강점이 있다. 그리고 모든 아이는 성공적인 삶을 위해 사회정서기술, 미래 역량을 배워야 한다.

문제를 결과 중심으로 비난이 아닌 지금 여기서 할 일, 할 수 있는 일, 해결 중심의 관점으로 상담할 때 아이와 부모의 성장을 도울 수 있다.

느린 학습자를 위한
긍정훈육법으로 함께 성장하는 가정

느린 학습자를 위해 학교뿐만 아니라 가정에서도 이음교육을 도와줄 수 있도록 PD^Positive Discipline(부모를 위한 긍정훈육)을 안내하고 실천할 수 있는 내용을 실었다. 감격해 카드를 활용하는 감정과 욕구를 표현하도록 돕고, 성취 경험을 쌓기, 가정에서 기여할 수 있는 경험을 하도록 안내하고 있다. 그리고 고정 마인드셋과 성장 마인드셋의 차이점과 실패를 배움의 기회로 경험할 수 있도록 과정 중심과 현재에 집중할 수 있는 격려의 상호작용을 가정에서 실천하도록 제시한다. 또한 부모와 아이가 상호존중의 관계로 소통하는지 돌아보는 질문을 통해 성찰하게 한다.

(1) PD 실천하기, 가정에서 이렇게 도와주세요

1. 모든 감정은 옳다(불안함을 인정하기): 감격해 카드 활용

시대가 변하며 우리의 양육 방식도 달라지고 있다. 과거에는 감정을 억압하고 표현하면 안 되는 사회·문화적 배경이 있었다. 이제는 자신의 감정을 이해하고 수용하며 통제가 아닌 어떻게 조절해야 하는지에 초점을 맞추고 있는 시대이다. 느린 학습자에게 가장 어렵고도 오해를 불러일으키는 것이 바로 감정 정서에 대한 상호 작용이다. 가정을 벗어나 제일 처음 맞이하는 규모가 큰 사회생활에서 또래들과의 의사소통에는 서로의 욕구와 상대방에 대한 배려와 격려가 필요하다. 느린 학습자들에겐 그런 환경이 익숙하지 않다.

대부분 어린이집, 유치원에서 교사가 먼저 도와주거나 또래 친구들의 도움을 받는 환경에 익숙하고 편안하기 때문이다. 새로운 환경, 새로운 친구들과 만나는 느린 학습자로서는 불안과 걱정스러움, 짜증이라는 감정을 가장 먼저 마주하게 될 것이다. 그러다 보니 행동에도 위축이 되고 제대로 감정을 표현하기가 어렵다. 본격적인 사회생활의 첫 관문인 학교에서 자신의 감정을 잘 이해하고 또래와의 관계 유능성을 향상시키는 긍정훈육에 그 답이 있다.

느린 학습자와 마찬가지로 학부모들이 일상에서 자주 느끼는 주 정서(감정) 중 하나가 불안함, 걱정스러움, 조급함, 낙담 등이다. 모든 부모가 그러하듯 자녀에게 기대하는 모습이 있고, 부모의 역할, 책임감에 대해서도 생각하기 때문에 일상생활에서 자주 마주하는 이러한 감정은 부모의 심리적 신체적인 것에 영향을 미치게 된다. 느린 학습자 자녀를 키우면서 더 많이 도와줘야 하고 더 많은 정보를 전달하고 싶은 욕구가 제대로 실행되지 않을 때 양가감정과 마주하게 된다. "이러다 너무 늦는 것은 아닐까?" "아니야 나보다 우리 아이가 더 힘들겠지! 여유를 갖자." "이러다 점점 적기를 놓치는 것은 아닐까?" 등의 생각과 마주하다 보면 일상의 여유보다는 부정 정서와 마주하는 일상이 잦아지게 된다. 일상에서 긍정 정서를 자주 느끼게 하려면 느린 학습자와 느린 학습자 학부모에게 필요한 것은 자기 생각 — 감정 — 행동의 연결에 대해 올바르게 인식하고 관점 전환을 하는 시도다. 자기 생각 — 감정 — 행동에 대해 시각화하는 데 도움을 주는 감격해 카드를 함께 활용하면 더 도움이 된다.

2. 자녀에게 특별한 경험 자주 쌓아주기

성공 경험보다 실패 경험이 많은 느린 학습자에게 필요한 것은 스스로 목표를 세우고 그 목표를 향해 실행하는 책임감 있는 행동 실천 쌓기이다. 학교에서 주도적인 모습을 갖게 하기 위해서는 가정에서 준비 과정을 갖도록 해보자. 각자의 성격에 따라 누군가는 먼저 표현하기도 하고 누군가는 타인의 도움을 기다렸다가 마무리하기도 한다. 하지만 중요한 것은 스스로 결정에 따라 움직이고 끝까지 스스로 마무리하는 행동 실천이다. 또한, 그렇게 행동한 이후에 그 과정을 격려하도록 하는 마무리 과정도 필요하다. 무엇보다 느린 학습자에게는 스스로 해냈다는 성취 경험, 나도 누군가를 돕고 도움이 되는 사회 구성원이라는 소속감, 그리고 나도 해낼 수 있다는 자기 효능감이 필요하기 때문이다. PD로 가정에서 어떻게 느린 학습자를 지원하고 격려할 수 있는지 함께 들여다보자. 코칭 대화법을 PD와 연결해 일상생활에서 자녀 스스로 생각하고 주도적으로 행동하고 자기 행동의 결과를 보고 다시 생각해 보게 하는 경험을 하게 해보자. 존중과 배려의 PD와 스스로 목표를 정하고 움직이게 하는 코칭의 GROW 모델 대화법이 만나 느린 학습자 스스로가 자기 생각과 행동을 더 긍정적으로 개선하는 경험을 쌓아갈 수 있으리라 기대한다.

스스로 가정에 기여하는 작은 목표 세우기 (GROW)

느린 학습자 자녀가 부모에게 의존적이라면 자녀를 대하는 부모의 마음가짐이 어떤지 먼저 살펴보자.

1.자녀 스스로 목표를 세우기가 어렵다고 판단이 되면 가족

의 일주일 단위 행사나 일정들을 보고 할 수 있는 목표를
같이 만드는 것부터 하자

2. 목록 중에서 자녀 스스로가 할 수 있다고 생각하는 목표
   정하기.(Goal)

3. 정한 목표를 실행하기 위해 현재 상황에 어떤 것들이 필
   요한지 스스로 생각하게 해보자

4. 3번에서 생각한 것 중에서 다양한 방법들을 구체적으로
   적어보게 한다. (Option)

5. 방법과 연결되는 구체적인 실천 행동을 적어보자.(Will)

3. 성장 마인드셋 장착하기(불안함을 인정하기)

느린 학습자에게 자주 올라오는 생각 중 하나가 나는 못 해!
어려워! 틀릴지도 몰라! 이다. 새로운 것을 받아들이고 익숙해
지기까지 시간이 좀 더 걸리는 느린 학습자들은 고정 마인드셋
으로 세상을 인식하고 지낼 가능성이 높다. 스스로 성장의 틀을
가두고 고정된 생각으로만 세상을 인식하다 보니 변화나 성장
조절과는 거리가 점점 멀어진다. 심리학에서 성장 변화에는 스
트레스가 동반된다고 말한다. 하지만 스트레스에 취약한 느린
학습자가 성장과 마주하기까지 시간이 더 필요하다. 우리가 이
세상에 태어나 성인으로 자라기까지 수많은 실패와 시행착오를
겪는다. 실패와 좌절을 마주할 때 우리는 어떤 생각에 직면하는
지 정리해 보자. 아래 표 고정 마인드셋과 성장 마인드셋을 통해

고정 마인드셋 vs 성장 마인드셋

두 가지 마인드셋	고정 마인드셋	성장 마인드셋
기본 전제	지능은 정해져 있다.	지능은 성장 변화한다.
욕구	남들에게 똑똑해 보이고 싶다.	더 많이 배우고 싶다.
갖고 있는 기본 생각	실패는 내 능력의 한계를 보여주는 일이야.	실패는 성장할 기회야. (PDC와 연결되는 부분)
	잘하거나 못하거나 둘 중 하나야.	무엇이든 배워낼 수 있어
	힘든 일은 하고 싶지 않아.	힘든 일은 성장에 도움을 줘
	남들의 성공을 질투해.	남들의 성공에 난 영감을 받아.
	늘 해오고 내가 편한 오래된 방식만 고수할 거야.	새로운 것들을 시도해 보는 게 좋아!
	다른 사람이 주는 피드백은 늘 불편해.	다른 사람이 주는 피드백은 나를 성장시켜.
따라서		
도전 앞에서	도전을 피한다.	도전을 받아들인다.
역경 앞에서	쉽게 포기한다.	맞서 싸운다.
노력에 대해	하찮게 여긴다.	완성을 위한 도구로 여긴다.
비판에 대해	옳더라도 무시한다.	비판으로부터 배운다.
남의 성공에 대해	위협을 느낀다.	교훈과 영감을 얻는다.
그래서		
결과	현재 수준에 정체되고 갖고 있는 잠재력을 잘 발휘하지 못한다.	현재 수준보다 잠재력을 잘 발휘해 최고의 성과를 낸다.

과거와 현재 나와 자녀는 어디에 머물고 있는지 알아보자.

　부모가 어떤 마인드셋을 장착하느냐에 따라 양육 태도에 영향을 미친다. 느린 학습자에게 왜 PD인가에 대한 실마리 중 하나인 성장 마인드셋에서 말하는 "실패는 성장의 기회야."라는 기본 생각이다. 자녀의 결과물만 보고 판단하고 단언하는 고정 마인드셋을 장착한 부모의 양육 태도는 어떨까? 비난하고, 지시하고, 다그치고, 부정적인 언어로 이것밖에 하지 못하냐고 모멸감을 주는 언어로 자녀에게 일방적인 쏟아붓기 대화를 하게 될 것이다.

　느린 학습자에게 변화할 수 있다는 성장 마인드셋이 학습의 변화와 일상생활의 성장과 변화에 도움이 된다는 것은 선행연구 결과에도 나와 있다.^(신은미 외, 2023)

　성장 마인드셋으로 변화하기 위해 우리에게 필요한 것은 사람은 누구나 불완전한 존재이고 성장하기 위해 노력하고 변화할 잠재력이 있다는 것이다. 내 안에 변화하고 싶은 성장 마인드셋과 변화하는 데 주저함을 느끼는 고정 마인드셋 둘 다 갖고 있음을 인정하는 것이다. 그래야 우리는 느린 학습자가 갖고 있는 불안함, 그리고 부모가 갖고 있는 불안함에 대해 수용의 자세로 돌아설 수 있다.

　성장 마인드셋을 일상생활에서 자주 장착하기 위해서는 불안함과 같이 올라오는 고정 마인드셋을 인정해야 한다. 이 둘의 동행을 위해 코칭적 접근으로 불안함에 이름 붙이기를 사용하기도 한다. 불안함을 부정적인 것, 회피하고 싶은 것이 아닌 있는 그대로 수용하는 자세로 생각의 틀을 바꾸어 보자.

고정 마인드셋과 성장 마인드셋은 환경과 상황에 따라 다르게 인식하고 생각할 수 있으므로 지지 차원의 언어적인 격려가 매우 중요하다. 부모가 평상시 어떤 언어로 지지하는 환경을 만들어 주고 있는지 자신을 탐색해 보는 시간을 가져보자. 또한, 내가 갖고 있는 생각 — 감정 — 행동의 패턴이 고정 마인드셋과 가까운지 성장 마인드셋과 가까운지 관찰해보자. 잘 모르겠으면 시각화 해 보는 시간을 가져보자. 생각보다 우리는 부정적인 생각 — 감정 — 행동의 패턴으로 살아가고 있다는 것을 깨닫게 된다. 왜냐하면 해보지 않은 일은 생각보다 어렵다는 인식이 강해서 생각하는 일 자체를 회피하는 경향이 있기 때문이다. 그런 자신의 패턴을 바꾸는 것이 느린 학습자에게 좀 더 나은 나로 변화하게 하는 데 성장 마인드셋을 장착하게 해 줄 수 있다. 늘 기억하자. 변화의 시작은 나부터 일어난다는 것을.

4. 우리 가족만의 긍정적 문장 만들기(칭찬 vs 격려)

느린 학습자에게 필요한 경험 중 하나는 바로 과정을 통한 스스로를 격려하는 심리 근육 쌓기이다. 실패 경험, 낙담의 감정을 자주 마주할수록 느린 학습자 스스로 "난 할 수 없어." "나는 잘하는 게 하나도 없어." "어려워, 그래서 못하는 거야." 라는 스스로 갖게 되는 신념이 생길 수 있다. 유아 시기부터 느린 학습자들에게 지원해 주어야 하는 것은 다른 사람이 인정해 주지 않아도 나 스스로가 나를 격려하고 인정하는 심리 근육 만들기이다. 외부 지지 자원 인정에 의존하다 보면 교사나 다른 친구들이 인정해 주지 않으면 스스로가 못하는 사람, 잘 안 되는 상황이라고 인식하게 되어 의존적인 상황에 매달리게 된다. 부정적인 감정, 스트레스 상황을 마주할 때 스스로 어떻게 심리 근육을 만들 수 있을까? 그 첫걸음을 우리 가족만의 긍정적 문장 만들기로 시작해 보자. 스스로 시작하기가 어렵다고 느끼는 느린 학습자에게 연습하기 좋은 최상의 환경은 바로 가정이다. 나만의 안전지대라고 인식하는 가정에서 충분하게 시도하고 긍정 정서가 올라오는 경험을 할 수 있도록 부모님과 함께 실천해 보자.

칭찬 vs 격려

먼저 칭찬과 격려가 어떻게 다른지 알아보자. PD에서는 칭찬보다 격려하는 것에 초점을 맞춘다. 변화와 혁신의 시대에 서 있는 우리에게 결과에만 치중하게 되는 외적인 요인이 많아진 환경에 우리는 어떤 감정과 마주하고 있을까? 생각해 보자. 나보다 빨리 성공한다는 느낌, 나보다 더 나은 결과를 마주하고 있는 타인들과 비교 아닌 비교를 하다 보니 우리는 늘 무언가에 쫓기는 느낌, 무언가 외부의 요인에 초점이 맞추어지게 된다. 또한,

결과주의나 물질만능주의, 겉모습 치장에 더 집중하게 되어 현재의 삶보다 더 추상적인 모습, 아직 일어나지 않은 상황에 더 집중하게 된다. 이것은 불안함, 걱정스러움, 초조함 등의 감정을 더 강화한다. 이런 상황에 변화를 일으키기 위해 우리에게 필요한 것은 어떤 의사소통 방법일까? 상호 존중, 배려, 협력, 소속감, 자존감을 중요하게 강조하는 PD에서는 어떤 방법을 제안하는지 살펴보자.

개인의 탁월성과 강점 성장 마인드셋을 장착하기 위해서, 필요한 동기부여 방법 즉, 격려의 의사소통 방법에 대해 자세히 알아보자.

느린 학습자에게는 칭찬과 격려중 어떤 상호 작용 방법이 필요할까? 결과에 치중하고 겉모습에 더 초점을 맞추는 칭찬이 아닌 과정과 현재에 집중하게 만드는 격려의 상호 작용이 더 긍정적인 영향을 미친다. 느린 학습자가 듣고 싶어하는 언어는 무엇일까? "오, 그 방법도 좋은데?" "어떻게 그런 생각을 했지?" "나도 그 방법 알고 싶어." "어! 나도 그 놀이 같이하자!"와 같이 누군가에게 영향을 미치고 도움을 주는 대화이다. 이러한 대화를 통해 자신도 성장하고 잘하고 있음을 인정받고 알아차리는 순간이 필요하다.

격려의 대화를 하기 위해서는 느린 학습자의 언어를 함께 사용하고 그 언어의 숨은 의도를 알아차려야 한다. 언어적 표현에

만 집중해서 진짜 말하고자 하는 욕구를 놓치지 않도록 해야 한다. 느린 학습자의 생각 중 하나가 '잘하고 싶다.' '칭찬받고 싶다.' '인정받고 싶다.'이다. 욕구가 너무 강하다 보면 모른다고 말하기가 어려워지기도 한다. 교사나 부모는 느린 학습자에게 결과에 집중한 칭찬보다 과정에 집중한 온전한 인격체로 존중하며 상호작용하는 것에 집중해야 한다.

일상에서 가족들과 함께 격려의 상호 작용을 하는 방법을 나누고자 한다.

— 하루를 온전히 잘 보낸 뒤, 가족 구성원 각자가 나누고 싶은 하루의 이슈를 공유해 보자. 하루의 이슈를 공유하는 이유는 그 과정을 통해 내가 느끼는 생각과 감정, 행동이 다른 가족 구성원들이 볼 때는 어떻게 보이는지, 그리고 가족 구성원이 생각하는 도와줄 수 있는 의견들을 듣고 자신이 할 수 있다고 생각하는 긍정적 문장을 완성하기 위해서다.
— 여기서 중요한 것은 '긍정적 문장'에 있다. 부정적인 문구에 익숙한 느린 학습자에게 '지금, 여기'에 집중하기 '현재'에 집중하기를 실천할 수 있도록 내가 할 수 있는 긍정 정서에 집중하게 하는 것이 주된 목표이다.
— 긍정적 문장 만들기를 진행하기 위해 가족 구성원들이 돌아가며 리더를 정하는 것도 좋다. 처음부터 느린 학습자에

게 리더의 역할을 주면 '걱정스러움', '긴장된' 감정을 느껴 심리적 신체적으로 위축될 수 있으니 첫 시작은 부모님이나 나이가 많은 형제가 이끌어 주는 것을 권한다.

1. 우리 가족 오늘 하루 마무리를 같이 해볼까? 오늘 하루 어떻게 보내셨나요? 가족 모두 돌아가며 자신이 나누고픈 이야기를 해보도록 해요. (각자의 역할에 대해 미리 가족회의를 통해 정하고 시작하기를 권한다.)
2. 서로의 이야기를 경청하도록 해 주세요. (돌아가며 다 이야기를 나눈 후)
3. 서로의 이야기를 듣고 그 상황과 연결된 생각과 감정 행동을 묻는다.
4. 그다음 비슷한 상황을 마주하게 되면 어떤 생각, 감정, 행동으로 연결하고 싶은지 말해 보자.
5. 감정과 행동에 숨겨진 나의 욕구는 무엇인지 말해 보자.
6. 그 행동을 하는 순간에 나에게 내가 해 줄 수 있는 긍정적 문장을 만들어 보자.
7. 서로가 생각한 긍정적 문장을 잘 보이는 곳에 붙여놓고 하루에 몇 번이나 떠올려 볼 것인지 서로의 실행 목표에 대해 말해 보자.
8. 일주일 뒤 긍정적 문장을 사용하고 나면 어떤 감정과 마주하게 될 것 같은지 예측하고 긍정적 문장 옆에 적어보자.

다음은 느린 학습자 가족 그룹으로 진행한 프로그램에서 격려와 칭찬을 경험해 보고 우리 가족의 긍정적 한 문장 만들기에서 나온 내용들이다.

- 어제보다 오늘 한 가지만 더 다르게 시도해 보자
- 나를 믿어주는 가족이 있다.
- 나는 있는 그대로 멋지다! 일단 해보자.
- 괜찮아 지금 시작이 중요해.
- 다시 한번 해보자.
- 내가 잘하는 걸 해보자.
- 잠시 호흡하고 다시 해보자.
- 시도해야 변화가 일어난다.
- 불안함은 감정일 뿐이다.

5. 통제보다 상호 존중의 소통을 하자

위에서 제시한 여러 가지 방법들이 일상생활에서 어우러지려면 무엇보다 상호 존중이 기반이 되어야 한다. 느린 학습자 부모들이 자주 느끼는 감정 중 하나가 조바심, 걱정스러움이기에 자신도 모르게 부모의 욕구대로 제시해 주는 여러 가지 프로그램들을 경험하고 있는 자녀를 발견하기도 한다. 또한, 느린 학습자보다 부모가 빠르기에 기다리지 못하고 도움을 주고 있는 자신을 발견하기도 한다. 이런 알아차림이 중요하다. 부모 스스로가 지금 하는 행동은 누구의 욕구인지 누구의 속도에 따른 행동의 결과인지를 꾸준히 일상에서 알아차리자.

PD의 상호 존중의 태도로 느린 학습자와 함께하기 위해 부모의 속도와 숨겨진 의도가 아닌 느린 학습자 중심의 상호 작용으로 소통해 보자.

지금 나는 어떤 모습으로 소통하고 있는가를 다음의 질문을 통해 체크해 보자.

— 누구의 욕구인가?
— 누구의 속도에 맞추었는가?
— 느린 학습자에게 우선순위는 무엇인가?
— 상호 존중의 태도로 나는 느린 학습자를 대하고 있는가?
— 느린 학습자가 원하는 목표인가?
— 부모는 언행일치하는 삶의 태도를 보여 주고 있는가?

(2) PD가 주는 힘을 경험하며

함께 일하던 교사의 권유로 시작된 PD는 삶에도 세세한 변화를 주었다. 아이, 부모를 대하는 나의 태도와 일상에 적용하는 중요한 삶의 가치에도 변화를 일으키게 해 주었다. 무엇보다 변화의 두려움 앞에 부정적 생각에 매몰되는 습관의 변화에 힘을 실어주었다. 이런 변화의 경험이 느린 학습자 가정에도 연결되기를 바란다. 느린 학습자의 자존감, 소속감 향상에 도움이 될 거로 생각한다.

학교 현장에서 만났던 느린 학습자, 마을공동체에서 만난 학부모들과 교사들의 변화를 보며 다시 한번 PD의 힘을 느끼고 확신할 수 있었다. 힘겨루기하던 아이, 도와달라는 언어를 자주 사용하던 아이의 변화를 보며 교사도 함께 성장하고 있음을 깨닫는다.

PD의 도구로 느린 학습자들이 공동체 속에서 소속감을 느끼고 자신의 강점을 잘 발휘해 자기 효능감과 유능감을 얻기를 바란다. 그리고 느린 학습자뿐만 아니라 모두에게 긍정적 변화를 일으키는 데 좋은 도구로 PD가 활용되기를 바란다.

"우린 모두 날마다 조금씩 자신만의 속도로 성장 변화하고 있다!"

선생님, 어떤 기술을 가지고 있나요?

"내 아이가 아픕니다. 수술을 받아야 합니다. 의사가 두 명 있는데, 한 명은 수술 기술이 한 가지뿐이고, 다른 한 명은 여러 가지 기술을 보유하고 있습니다. 여러분은 어떤 의사에게 아이의 수술을 맡기겠습니까?" 이 질문은 김성환 선생님이 PDC 강의 중 교사들에게 던지는 질문이다. 선생님들은 당연히 여러 가지 수술 기술을 가진 의사를 선택할 것이다. 그 이유는 수술의 성공 가능성이 더 높을 것이라는 믿음 때문이다.

이 질문을 유·초 이음교육으로 바꿔보자, "한 가지 기술만 가진 교사와 여러 가지 기술을 가진 교사가 있다면, 어떤 교사에게 교육을 맡기겠습니까?" 아마도 답이 나올 것이다.

유·초 이음교육을 위한 여러 가지 기술을 원한다면 PDC기술이 대안이 될 수 있다.

PDC의 기술들은 유·초 이음교육의 미래 역량 교육과 밀접하게 연결되어 있다. 이 책의 여러 부분에서 그 내용이 언급되고 있다. PDC는 아이들이 책임감 있고 타인을 존중하며 능력을 갖춘 성숙한 시민으로 성장할 수 있도록 돕기 위한 다양한 활동을 제공한다. 이 활동에는 PDC 학급을 위한 필수 기술 11가지와 학급회의를 위한 기술 8가지가 자세히 안내되어 있으며, 아이를 훈육하기 위한 도구도 52가지가 준비되어 있다. 이러한 기술들은 아이들이 삶의 기술과 자질을 키우는 데 도움을 주기 위해 설계되었다.

　PDC 기술들은 유·초 이음교육의 기술로 활용되어 1학년에 필요한 미래 역량을 갖추고, 장기적으로 학업 성취도를 높이는 데 기여할 수 있다. 또한, 교사로서 사회정서기술을 가르칠 수 있는 기술과 도구를 자신의 것으로 만드는 기회가 될 것이다. PDC의 심리학적 기반이 되는 아들러는 '유치원 교사의 임무는 아이의 사회성을 길러주는 것이다. 사회적인 인간으로 키운다는 관점의 교육은 단순히 공허한 구호에 그쳐서는 안 된다.'고 말했다.

　학습과 습득의 차이는 무엇일까. 학습은 가르치고 배우는 과정이며, 습득은 배운 것을 몸에 새기는 것이다. 유아기는 학습이 아닌 습득이 이루어지는 시기다. 우리 속담에 '세 살 버릇 여든까지 간다'는 말이 있듯 아이들의 사회정서기술은 타고나는 것이 아니라, 연습과 습득을 통해 발전해야 한다.

　'아직' 배우지 않은 기술을 찾아 가르치고 연습해야 한다. 이러한 연습은 소중한 경험이 될 것이다. 생애 첫 전환기에 성공적인 경험은 다음 전환기를 위한 발판이 될 것이다. 이는 아이들이 단단한 내면을 형성하고, 내면화하여 더 큰 세상으로 나아가는 데 도움을 줄 것이다. 이러한 이유로 PDC의 기술이 유·초 이음 교육의 기술로 활용되기를 희망한다.

저자 일동

부록

유·초 이음교육을 위한 학급긍정훈육 연간 계획(만 5세)

순서	시기	유·초 이음교육 활동 내용	2019 개정 누리과정 관련 내용	유·초 이음 관련 영유아가 길러야 하는 역량
1	3월	- 연결을 위한 특별한 인사 - 동의와 가이드라인 만들기 - 하루 일과 연습하기 - 의미 있는 역할 정하기	사회관계〉 더불어 생활하기 신체운동〉 안전하게 생활하기 의사소통〉 듣기와 말하기 사회관계〉 나를 알고 존중하기	사회정서역량 신체운동역량 자기조절역량 사회정서역량
2	4월	- 감정 신호등 - 감정 얼굴 - 화가 나면 뇌에서 일어나는 일 - 긍정적 타임아웃 공간 만들기	사회관계〉 나를 알고 존중하기 사회관계〉 나를 알고 존중하기 자연탐구〉 탐구 과정 즐기기 사회관계〉 더불어 생활하기	자기조절역량 사회정서역량 생애학습역량 신체운동역량
3	5월	- 어떻게 들을까? 　경청 연습하기 - 어떻게 말할까? 　의사소통 연습하기	의사소통〉 듣기와 말하기 의사소통〉 듣기와 말하기	자기조절역량 사회정서역량
4	6월	- 상처받은 꽃잎이 - 정글 속의 다양한 동물	사회관계〉 나를 알고 존중하기 사회관계〉 더불어 생활하기	자기조절역량 사회정서역량
5	7월	- 함께 이기는 방법 　몸으로 배우는 협력 놀이 - 우리는 문제 해결사	사회관계〉 더불어 생활하기 의사소통〉 듣기와 말하기	신체운동역량 사회정서역량
6	9월	- 실수란? - 실수로부터 회복하기 - 사과하기 3단계	사회관계〉 나를 알고 존중하기 사회관계〉 더불어 생활하기 의사소통〉 듣기와 말하기	자기조절역량 사회정서역량 자기조절역량
7	10월	- 언어의 선물: 격려 　격려의 말 연습하기	의사소통〉 듣기와 말하기	사회정서역량
8	11월	- 원 만들기 - 감사 나누기 - 학급회의	신체운동〉 신체활동 즐기기 사회관계〉 더불어 생활하기 의사소통〉 듣기와 말하기	신체운동역량 사회정서역량 자기조절역량
9	12월	- 나는 입학 첫날 　어떤 감정일까? - 마법의 단어 '아직'	사회관계〉 나를 알고 존중하기 의사소통〉 듣기와 말하기	사회정서역량 자기조절역량

놀이 예상안 1

놀이의 시작	수찬이가 울상이 된 표정으로 교사에게 왔다. "선생님 지호가 제가 그린 그림이 이상하다고 했어요." 지호를 불러 상황에 대해 들어보았다. "그냥 장난으로 그런 거예요."라고 했다. 이런 일들로 인해 장난으로 한 말들이 다른 사람에게 어떤 영향을 미치는지 직접 눈으로 확인해 보는 상처 받은 꽃잎이 놀이를 시작하게 되었다.				
날짜	2024. 6.	대상	꽃잎반(만 5세) 유아 24명 (남 11명 여 13명)	수업 교사	○○○
놀이 명	상처받은 꽃잎이	장소	교실		
인간상	건강한 사람, 더불어 살아가는 사람				
놀이 배움	– 다른 사람에게 상처가 되는 말들에 대해 안다. – 한 번 받은 상처는 잘 없어지지 않는다는 것을 안다. – 신중하게 말하는 태도를 형성한다.				
교육과정 관련 내용	예술경험〉 창의적으로 표현하기 사회관계〉 더불어 생활하기 의사소통〉 듣기와 말하기				

놀이 과정	놀이 배움 과정	자료(*) 및 교사 지원(※)
놀이 열기	▶**경험 나누기** – 친구의 말 때문에 속상했던 경험 나누기 – 내가 친구를 말로 속상하게 했던 경험 나누기	※ 말로 인해 경험을 회상할 수 있도록 지원함 ※ 유아들의 말을 칠판에 적기
놀이 펼치기	▶**경험 나누기** ▶**종이에 아이 한 명 그리기** – 종이에 그린 친구 소개하기 　이 친구는 꽃잎이라고 하는데 다른 유치원에 다니다가 우리 반에 전학 왔어. 그런데 친구들이 꽃잎이에게 속상한 말을 해서 꽃잎이가 이제 유치원에 오고 싶지 않대. 친구들이 어떤 말을 했을까? ▶**꽃잎이가 들었던 말들에 관해 이야기 나누기**	* 종이, 　그리기 도구

놀이 펼치기	▶상처가 되는 말들이 종이가 공이 될 때까지 함 께 구김 ▶공이 된 꽃잎이를 보며 함께 이야기 나누기 ▶공이 된 꽃잎이가 우리 반에 다시 오고 싶게 어 떤 말들을 해주면 좋을지 이야기 나누기 ▶아이들 말에 따라 공이 된 꽃잎이 펼치기 ▶지금 꽃잎이의 기분이 어떤지 이야기 나누기 ▶꽃잎이에게 아직 남아있는 상처(구김)를 완전 히 펴는 방법에 관해 이야기 나누기	* 종이, 그리기 도구
놀이 마무리	▶오늘 활동에서 알게 된 내용에 관해 이야기 나 누기 ▶다음 놀이 계획하기 – 다음에는 어떤 놀이를 하고 싶은지 함께 계획 하기	
	놀이를 통한 배움	방법
유아	· 상처가 되는 말들에 대해 알게 되었는가? · 한 번 받은 상처는 잘 없어지지 않는다는 것을 알게 되었는가? · 신중하게 말하는 태도를 형성하게 되었는가?	관찰 및 생각 나누기
교사 평가	· 유아들이 상처가 되는 말들에 대해 알도록 지 원하였는가? · 유아들이 한 번 받은 상처는 잘 없어지지 않는 다는 것을 알도록 지원하였는가? · 유아들이 신중하게 말하는 태도를 형성하도록 지원하였는가?	반성적 고찰

놀이 예상안 2

놀이의 시작	서현이가 화가 난 모습으로 씩씩거리며 왔고, 그 뒤로 미성도 따라서 오고 있었다. "선생님! 미성이가 사과 안 해요." "아니 사과했어요." 둘 사이에 일어난 일에 대해 들어보았다. 미성이가 지나가다 서현이가 만든 블록을 무너트렸고, 화가 난 서현이가 "사과해"라고 소리를 질렀다. 미성이는 서현이를 쳐다보지도 않고 자신이 찾던 블록을 상자 속에서 계속 찾으며 "미안해"라고 했다. 미성이는 '미안해'라고 했으니 사과했다고 생각했고, 서현이는 자신을 쳐다보지도 않고 어깨를 쓸어주지도 않았으니, 진심으로 사과를 한 게 아니라 사과를 못 받았다고 하는 상황이었다. 이 일로 인해 진정한 사과의 필요성과 방법에 대해 알아보는 놀이를 하게 되었다.				
날짜	2024. 7.	대상	꽃잎반(만 5세) 유아 24명 (남 11명 여 13명)	수업 교사	○○○
놀이 명	사과하기 3단계	장소	교실		
인간상	더불어 살아가는 사람				
놀이 배움	– 사과의 필요성에 대해 안다. – 자기 잘못에 대해 진정으로 사과하는 태도를 형성한다.				
교육과정 관련 내용	예술경험〉 창의적으로 표현하기 사회관계〉 더불어 생활하기 의사소통〉 듣기와 말하기				
놀이 과정	놀이 배움 과정			자료(*) 및 교사 지원(※)	
놀이 열기	**▶ 경험 나누기** – 실수로 친구를 속상하게 했던 경험 나누기 – 친구가 실수로 나를 속상하게 했던 경험 나누기 **▶ 사과가 필요한 상황에 대해 브레인스토밍하기**			※ 사과를 받았거나 했던 경험을 회상할 수 있도록 지원함 ※ 유아들의 말을 칠판에 적기	

놀이 펼치기	▶ **손가락 인형극으로 문제 상황 이해하기** 해설: 누리가 복도를 지나가고 있는데 별이가 다른 곳을 　　　보다가 누리를 어깨를 치고 말았어. 누리: "아야. 네가 내 어깨 쳤잖아. 사과해" 별이: "나 복도에 걸려 있는 내 그림 찾는다고 너를 못 　　　봤어." 누리: "그래도 사과해야지" 별이: "아니 일부러 친 거 아니잖아. 내 그림 찾다가 너 　　　를 못 봤다고" 누리: "그래도 나는 아프다고 사과는 해야지." 별이: "그래 사과할게. 사과하면 되잖아. 미안." ▶ **사과 3단계를 함께 찾아보기** ▶ **사과 역할극으로 연습하기** – 역할 정하기 – 자신들의 상황극 친구들에게 보여주기	* 손가락 인형, 칠판
놀이 마무리	▶ **놀이 화면을 보며 놀이 나누기** – 놀이하며 느낀 점과 알게 된 점에 대해 함께 이야 기 나눔 ▶ **다음 놀이 계획하기** – 다음에는 어떤 놀이를 하고 싶은지 함께 계획하기	* 놀이 모습 사진과 영상
놀이를 통한 배움		방법
유아	· 사과의 필요성에 대해 알게 되었는가? · 사과에 대한 용기가 형성되었는가? · 자기 잘못에 대해 진정으로 사과하는 태도가 형성 되었는가?	관찰 및 생각 나누기
교사 평가	· 유아들이 사과의 필요성에 대해 알도록 지원 하였 는가? · 유아들이 사과에 대한 용기가 형성될 수 있도록 지 원 하였는가? · 유아들이 자기 잘못에 대해 진정으로 사과하는 태 도가 형성될 수 있도록 지원 하였는가?	반성적 고찰

유·초 이음교육 활동 계획(안)

순서	시기	유·초 이음교육 활동 내용
1	4월	유·초 협력수업 (한글 모음자 읽고 동생 반에 가서 가르쳐 주기)
2	5월	유·초 협력수업 (1학년이 7세 반 초대해서 함께 놀기)
3	5월	유·초 놀잇감 공유 (에어바운스 함께 타기)
4	6월	협력 놀이하기 (만 4, 5, 6세와 초등 1학년이 함께 모여 놀이하기)
5	7월	유·초 협력수업 (실수와 실수로부터 회복하기)
6	7월	유·초 협력수업 (실수 자랑 대회)
7	8월	버블 아트 공연 함께 관람하기 (유치원 전체, 초등 1~2학년)
8	9월	추석맞이 송편 만들기 체험하기 (만 4, 5, 6세 반, 초 1학년)
9	9월	유·초 협력수업 (꿈 같은 친구, 악몽 같은 친구)
10	10월	김장 김치 만들기 체험하기 (만 4, 5, 6세 반, 초 1학년)
11	11월	선배들이 알려주는 전래 놀이 경험하기 (만 4, 5, 6세, 초등 1학년)
12	12월	용기를 내어 너를 보여줘 (유·초 연합 장기 자랑)
13	12월	선배들이 들려주는 1학년 이야기 (선후배 만남의 시간)
14	12월	졸업을 축하해요 (유치원 졸업 축하하기)
15	1월	부모님이 먼저 가보는 초등학교 (1학년 예비 학부모 교실)
16	3월 ~ 12월	유·초 학부모가 함께하는 학부모 공부 모임 운영

유·초 이음교육 과정 운영 한글날 행사 계획(안)

순	시간	활동 내용	세부 내용	담당	준비물
1	9:00 ~ 9:20	– 안전 교육하기 – 인사 및 짝 만들기	강당	각 반 담임	명찰 차고 오기 이름 뽑기표
2	9:30 ~ 10:00	선배들이 동생들에게 책 읽어 주기	강당 (안전, 학교 공간 및 규칙 적응 목적)	1학년 각 반 담임	1학년 각 반 학급 문고에서 동생들에게 읽어 줄 책 골라서 읽기 연습해 오기
3	10:00 ~	소감 및 느낌 나누기			
4		중간 놀이 운영			
5	10:50 ~ 11:10	한글 골든벨 대회	– 보드마카, 씽킹 보드 팀 별 1개씩 – 짝끼리 함께 고민	– 보드마카 씽킹 보드판 준비, 강당 빔프로젝트 준비 – ppt 준비	– 이름 도장 선물
6	11:10 ~ 11:40	– 최고의 글씨왕 찾기 – 선배들이 쓴 경필 쓰기 심사하기	– 유치원은 원하는 글씨에 스티커 투표 – 1학년은 교실에서 미리 경필 쓰기 연습하고 출품작 제출하기	– 1학년, 유치원 교사들 스티커 준비하기 – 1학년과 유치원에 있는 스티커를 최대한 모아오기	– 경필 쓰기 왕 선물 (각 반 1명 – 총 3개) – 8칸 공책, 연필, 지우개 – 유치원 각 반 대표가 한 명씩 나와 증정
7		마무리 및 점심			

유·초 이음교육 자기 조절력 향상을 위한 협력 놀이 계획

– 초등학교·병설유치원

1. 일시: 2024년 6월 17일(월) 9:00~11:30

2. 장소: 초등학교 강당

3. 참석인원: 초1 50명, 유치원 49명 총 99명

4. 세부 프로그램 운영 계획

순	시간	활동 내용	준비물	담당
1	9:00 ~ 9:20	활동 준비 및 강당 세팅하기	마이크, 플래카드, 음악	
2	9:30 ~ 9:50	준비 운동 및 안전 교육	마이크	
3	9:50 ~ 10:20	보자기 협력 놀이	보자기 놀이, 콘, 풍선	
4	10:20 ~ 10:50	휴식 및 우유 급식		
5	10:50 ~ 11:20	협력 바통 달리기	줄 바통, 콘	
6	11:20 ~ 11:30	정리 운동 및 소감 나누기	간식	

유·초 이음교육 자기 조절력 향상을 위한 협력 놀이 수업 지도안

날짜	2024. 6. 17. (월)	대상	유치원	만 3, 4, 5세 반 49명
차시	2차시		초등	1학년 50명
장소	강당	수업 협력 교사	송OO, 박OO, 고OO, 최OO, 나OO, 정OO, 문OO	
인간상	유	건강한 사람, 자주적인 사람, 더불어 사는 사람		
	초	자기 주도적인 사람, 더불어 사는 사람		
교육 과정 목표	누리 과정	일상생활과 학습에 필요한 규칙과 질서를 지키고 서로 돕고 배려하는 태도를 기른다.		
	초등교육 과정			
성취 기준	누리 과정	신체운동·건강: 신체 활동에 즐겁게 참여한다. 의사소통: 일상생활에서 듣고 말하기를 즐긴다. 사회관계: 다른 사람과 사이좋게 지낸다.		
	초등교육 과정	[2바 01-03] 가족이나 주변 사람을 배려하며 관계를 맺는다. [2즐 01-01] 즐겁게 놀이하며, 건강하고 안전하게 생활한다. [2즐 01-02] 놀이하며 내 몸의 움직임이나 감각을 느낀다.		
관련 교과	누리 과정	신체운동·건강, 의사소통, 사회관계		
	초등교육 과정	바생1, 즐생1, 창체1		

세부 수업 지도 계획		
단계	활동 내용	준비물
이음 펼치기	▶**활동 1. 짝 만들기** – 유치원 동생들의 이름을 1학년 선배들이 뽑아서 이름을 크게 부른다. – 자신의 이름이 불리면 동생들은 일어나서 선배들에게로 온다. – 서로 마주 보고 양손을 잡고 앉는다. ▶**활동 2. 자기 소개하기** – 선후배가 서로 손을 마주 잡고 마주 앉아 자기소개를 한다. (안녕하세요, 저는 ~~입니다.) – 서로에게 궁금한 것을 묻는다. (좋아하는 색깔은 무엇인가요? 좋아하는 음식은 무엇인가요? 좋아하는 계절은 무엇인가요? 내가 잘하는 것은 무엇인가요?) ▶**활동 3. 준비 운동하기** – 짝과 함께 마주 보며 한 명씩 번갈아 가며 준비 체조를 한다. (나처럼 해봐요. 요렇게~ 노래에 맞추어 짝이 하는 체조를 따라 해 보세요.) ▶**활동 4. 협력 보자기 공 옮기기 게임** – 남녀 두 팀으로 나누어 서로 짝을 지어 앉아 있다. – 준비 신호에 맞추어 4쌍(8명)씩 협력 보자기 앞에 앉아 한 손의 손가락 네 개만 건다. – 일어서 신호에 맞추어 8명이 보자기를 평평하게 당겨 출발선에 선다. – 출발 신호에 맞추어 8명이 힘을 모아 보자기 안에 공을 안 떨어뜨리고 목적지의 콘을 돌아온다. (공이 떨어지면 그 자리에서 주워 시작한다.) – 출발선에 돌아오면 유치원 동생이 중앙에 있는 징을 친다.	협력 보자기, 공, 징

세부 수업 지도 계획		
단계	활동 내용	준비물
이음 펼치기	**▶ 활동 6. 줄 바통 런** – 긴 줄로 연결된 바통을 양쪽 끝에서 두 사람이 평평하게 잡아당긴다. – 선후배가 짝이 되어 후배가 바통을 잡고, 선배는 옆에서 후배를 보조하며 함께 끝까지 달린다. – 끝까지 가면 돌아올 땐 선배가 바통을 잡고 후배가 옆에서 보조를 하며 돌아온다. (달릴 때 너무 빨리 달려 넘어지지 않도록 서로의 발걸음에 보조를 맞추도록 안내한다.)	줄, 바통
이음 맺기	**▶ 활동 6. 선물 주고받기** – 유치원 동생들이 준비한 선물을 짝 선배에게 한 개씩 전달한다. – 선물을 전달하며 서로 감사의 인사를 한다. **▶ 활동 7. 소감 나누기** – (오늘 활동을 하면서 든 생각, 느낌, 결심은 무엇이었나요?) – (오늘 활동이 자기 조절력을 기르는 데 도움이 되었나요?	선물

주

1) 2022, 교육부, 개정 누리과정에 기반한 유보, 유·초 이음교육 지원 자료

2) Diamond, 2013

3) 허은하, 김상림, 2021

4) Duncan et al, 2007

5) '영유아기 교육자를 위한 긍정훈육' 2022 번역본

6) 보건복지부, 2017

7) 윤수진, 2022

8) 2019 느린 학습자 지원정책 수립을 위한 기초연구 중

9) 김동일, 2021

10) 교육부, 2023

참고 문헌

논문과 학술지

채혜정,《교사, 학부모, 아동의 상담 욕구에 기초한 통합적 집단 독서치료 프로그램의 효과》, 아동학회지 제25권 제6호, 2004

김성길,《경계선 지능 청소년의 자기 인식 및 자기표현 향상 상담 사례의 배움학적 함의》한국미래교육학회지, 미래교육연구, 6-2. 2016

윤수진·탁진국,《강점 기반 미술치료 코칭 프로그램이 느린 학습자의 심리·사회성숙도에 미치는 영향》. 한국심리학회지, 코칭 6(1)1-32, 2022

조진숙·탁진국,《긍정심리 기반 의사소통 향상 코칭 프로그램이 청소년의 의사소통에 미치는 영향》. 한국심리학회지, 코칭.2(2)5-62, 2018

《교육부, 개정 누리 과정에 기반한 유보》, 유·초 이음교육 지원자료, 2022

《유·초 연계 이음학기 사례 나눔 워크숍 연수 교재》, 광주광역시 교육청, 2023

《2022 개정 교육 과정 1~2학년 교과별 교원 역량 강화 연수 교재》, 광주광역시 동·서부교육지원청, 2024

《2019 개정 누리 과정 해설서》, 교육부, 2019

《유·초 이음교육 운영을 위한 현장 컨설팅단 역량 강화 연수 교재》, 한국교원대학교 영유아 교육연수원, 2024

《교실로 온 2022 개정 교육 과정 이렇게 달라졌어요》, 광주광역시 교육청, 2023

《느린 학습자 의제 실천 네트워크 서울시교육청 간담회》, 서울시 동북권 NPO 지원센터, 2021

《느린 학습자 생애주기별 어려움에 대한 기초연구》, 느린 학습자 지원 워킹그룹, 2018

《느린 학습자 지원 정책 수업을 위한 기초연구》, 서울시 동북권 NPO 지원센터, 2019

출간도서

제인 넬슨·셰릴 어윈·스티븐 포스터 『영유아 교육자를 위한 긍정훈육 매뉴얼』, BOOK, 2022

테레사 라살라·조디 맥티비·수잔 스미사, 『학급긍정훈육법』「활동 편」, 에듀니티, 2015

제인 넬슨·크리스티나 빌·조이 마르체스, 『바쁜 부모를 위한 긍정의 훈육』, 에듀니티, 2020

제인 넬슨, 『교사와 부모를 위한 긍정훈육』, 더블북, 2022

제인 넬슨·셰릴 어윈, 『유치원과 어린이집 교사를 위한 학급긍정훈육법』, 에듀니티, 2019

제인 넬슨·린로트·스티븐 글렌, 『친절하며 단호한 교사의 비법 학급긍정훈육법』「이론 편」, 에듀니티, 2014

제인 넬슨·셰릴 어윈·로즐린 앤 더피, 『4~7세 편 긍정의 훈육』, 에듀니티, 2016

제인 넬슨·셰릴 어윈·로즐린 앤 더피, 『긍정의 훈육』「0-3세 편」, 에듀니티, 2017

PD코리아, 『친절하며 단호한 교사의 비법 학급긍정훈육법』「실천편」, 교육과 실천, 2018

김현수, 『교실심리』, 에듀니티, 2019

유리향·선영운·오익수, 『교사를 위한 아들러 심리학』, 학지사, 2018

지나영, 『세상에서 제일 쉬운 본질 육아』, 21세기북스, 2022

박찬선, 『경계선 지능을 가진 아이들』, 이담Books, 2015

정옥분, 『아동 발달의 이해』(제2판), 학지사, 2017

정옥분, 『발달심리학』, 학지사, 2024

신명희 외, 『발달심리학』, 학지사, 2017

곽금주,『발달심리학』, 학지사, 2016

김명혜,『아동 발달』, 동문사, 2009

존 볼비,『존 볼비의 안전기지』, 학지사, 2014

Jeremy Holmes,『존 볼비와 애착 이론』, 학지사, 2014

존 카트맨·최성애·조벽.『내 아이를 위한 감정 코칭』, 해냄, 2020

에릭 에릭슨,『유년기와 사회』, 연암서가, 2014

에릭 에릭슨,『인생의 아홉 단계』, 교양인, 2019

한국관계놀이상담학회,『관계 놀이 상담』, 양서원, 2013

루이스 코졸리노,『애착교실』, 해냄, 2021

필립 라일리,『관계의 교실』, 지식의 날개, 2023

그림책심리성장연구소,『에릭슨의 전 생애 발달』, 사우, 2023

김세실,『그림책 페어런팅』, 한길사, 2021

권정민,『엄마도감』, 웅진주니어, 2021

염은희,『엄마의 해방일지』, 지식과 감정, 2022

EBS 아기 성장보고서 제작팀,『아기 성장보고서』, 예담, 2009

제인 넬슨,『소피아의 화를 푸는 방법』, 교육과실천, 2021

몰리 뱅,『소피가 화나면 정말 정말 화나면』, 책읽는곰, 2013

아마 예나스,『컬러몬스터 학교에 가다』, 청어람아이, 2020

크리스티나 테바르,『내가 말할 차례야』, 다봄, 2021

마리나 지오티,『넌 할 수 있어 마법의 단어 '아직'』, 책과콩나무, 2023

와티 파이퍼,『넌 할수 있어 꼬마 기관차』, 비룡소, 2006

제인 넬슨,『제라드의 우주쉼터』, 교육과실천, 2018

에밀리 사즈랑,『함께라면 천하무적』, 파란자전거, 2024

클라우디오 고베티,『사슴에게 문제가 생겼어요』, 주니어RHK, 2023

하인즈 야니쉬,『내 말 좀 들어주세요. 제발』, 상상스쿨, 2020

코리나 루켄,『아름다운 실수』, 나는별, 2018

제인 넬슨·셰릴 어윈,『현명한 부모는 넘치게 사랑하고 부족하게 키운다』, 더블북, 2021

지성애·박희숙·이승하·조유진,『마음의 문을 열고 관계로 들어가는 아이 사회·정서 유능감』, 양서원, 2020

집필 저자 소개

최미정

경북 공립단설율곡유치원 교사

미국 PDA 공인 ECE(영유아 교육자를 위한 긍정훈육) 에듀케이터

두 아이의 엄마이자 20년 넘게 공립유치원 교사로 재직하고 있다. PDC 핵심인 격려와 친절하면서 단호한 교사의 지혜를 교육현장에서 꾸준히 실천하고 있다. 현장에서 얻은 귀중한 경험을 바탕으로 다양한 분야의 강사로 활동 중이며, 경상북도연구원 콘텐츠개발 팀장으로 〈2023년 배움을 잇는 사계절 유초이음 놀이터〉 콘텐츠를 개발하였다. 또한 2024년에는 유·초 이음 시범유치원 운영을 맡아 유치원과 초등학교 간의 원활한 교육적 연계를 위한 실천적인 모델을 제시했다. 2025년~2027년 경상북도교육청 지정 유·초 이음교육 연구학교를 운영할 예정이다. (ygood27@hanmail.net)

나영미

광주 봉주초등학교 교사

미국 PDA 공인 PD 에듀케이터

광주광역시교육청 유·초 이음교육 컨설팅 위원

초등교사이며 경력 20년이 넘는 교사 생활 대부분을 1학년 담임교사로 살아오고 있다. 아이들과 함께 성장하는 선생님이라는 교육철학을 가지고 PDC 학급 경영을 실천하고 있다. 대학원에서 초등 교육 심리를 전공하였으며 교육청 유·초 이음교육 컨설팅 위원이며, 유·초 이음교육 유치원 1급 정교사 연수 강사, 예비 학부모를 위한 부모 교육 강사로 활동하고 있다. 유·초 학부모님들과 함께 부모 모임을 꾸준히 실천해 오면서 부모님들과 함께 아이들이 어떻게 행복하게 자랄 수 있는가를 고민하고 있다. (ibbuji76@naver.com)

유미영

명지대학교 아동심리학 석사

미국 PDA 공인 PD·PDC·ECE(영유아 교육자를 위한 긍정훈육) 에듀케이터

이정아동발달센터 놀이심리치료사

취학 전 아동 사회성 그룹 놀이 전문가

어린이집과 유치원 놀이학교에서 16년간 영유아 교사로 아이들과 함께 했다. 점점 마음이 아픈 아동과 발달 지연 아동들이 늘어나는 모습을 보면서 도움이 되고 싶어 아동심리학을 공부하였다. 현재는 그 아이들을 있는 그대로 수용하고 지지하는 아동심리상담가로 귀한 아이들과 함께하고 있으며 사회성 그룹놀이와 부모양육코칭을 PD(부모긍정훈육)로 진행하고 있다. (ymy1117@naver.com)

윤수진

광운대학교 코칭심리전공 심리학 박사

미국 PDA 공인 PD·ECE(영유아 교육자를 위한 긍정훈육) 에듀케이터

함께 위드인 대표, 일반인, 운동선수 대상 심리코치

중랑구 느린 학습자 마을교사 양성과정 팀장으로 초중고 느린 학습자 프로그램을 진행했다. 현재 일반인, 운동선수 대상 심리코치로 활동 중이며 긍정심리학 기반 다양한 주제로 기업, 학교 등에서 강의를 하고 있다. 아리랑 티브이 보이는 라디오, 인천대학교 GTEP, 세종시 교육청, 방정환 교육지원센터, EAP코칭(네이버, 포스코 인터내셔널, 아모레퍼시픽, 서울특별시소방재난본부)등 3000회기 코칭을 진행하고 있다. (within.tomato@gmail.com)

박윤희

미국 PDA 공인 ECE(영유아 교육자를 위한 긍정훈육) 트레이너

(사)한국긍정훈육협회 이사

PDC 트레이너

EC 컨설턴트

보육교사로 30년을 아이들과 함께 했다. 7세 담임교사를 하면서 PDC학급운영으로 아이들의 사회정서발달을 위해 사회정서교육을 실천하였다. 현재는 긍정훈육연구소

소장으로 몸놀이를 통해 아이들이 자기조절과 유능감을 키울 수 있는 사회성 발달놀이 강의와 PDC 실천 교사의 경험으로 아이, 부모, 교사가 함께 행복하게 성장할 있도록 긍정훈육법으로 교사 교육, 부모 교육을 하고 있다. (sotong70@hanmail.net)

학급긍정훈육법 유치원 실천편

초판 1쇄 인쇄 2025년 2월 10일
초판 1쇄 발행 2025년 2월 21일

지은이 최미정, 나영미, 유미영, 윤수진, 박윤희
펴낸이 하인숙

기획총괄 김현종
책임편집 은현희
마케팅 최의범, 김미숙
디자인 표지 ┃ 스튜디오 허브 **본문** ┃ 노유진

펴낸곳 더블북
출판등록 2009년 4월 13일 제2022-000052호
주소 서울시 양천구 목동서로 77 현대월드타워 1713호
전화 02-2061-0765 **팩스** 02-2061-0766
블로그 https://blog.naver.com/doublebook
인스타그램 @doublebook_pub
포스트 post.naver.com/doublebook
페이스북 www.facebook.com/doublebook1
이메일 doublebook@naver.com

ⓒ 최미정 외, 2025
979-11-93153-55-0 (94370)
979-11-93153-53-6 (세트)